말하는 도시

체코 브르노로 보는 도시공간소통

말하는 도시

체코 브르노로 보는 도시공간소통

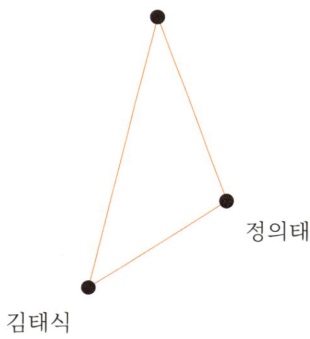

정의태

김태식

1장 | 공간과 맥락

여행 —— 12

일상 —— 13

공간 —— 14

도시공간과 소통 —— 16

우리동네 공간소통 —— 18

노드와 링크 —— 20

소통의 기능 —— 25

소통의 종류와 구조 —— 28

도시 소통의 전제조건 —— 30

소비도시 —— 35

걸음과 맥락 —— 37

문화 네트워크 —— 41

| 차례 |

2장 | 걸음의 조건

주거와 생각의 단위 —— 44

도보가능지수 —— 46

걸음의 조건 —— 48

걸음의 조건 1. 가까운 길 —— 51

걸음의 조건 2. 안전한 길 —— 56

걸음의 조건 3. 즐거운 길 —— 61

걸음의 조건 4. 제멋대로의 길 —— 64

걸음의 조건 5. 자동차와 함께 걷는 길 —— 72

3장 | 체코, 브르노 돌아보기

체코 —— 82

브르노 —— 84

브르노의 변화 —— 89

맥주와 와인 —— 92

유럽 도시의 클리셰 —— 95

브르노, 어슬렁거리는 도시 —— 96

베베지(Veveří) 구역의 말하는 골목들 —— 97

서쪽 베베지 —— 100

동쪽 베베지 —— 106

브르노 올드타운 —— 110

그물형 네트워크가 만드는 링크 —— 118

사적공간과 공적공간의 희석 —— 120

이상적 공간의 조건: 저녁이 있는 도시 —— 125

구시청과 신시청 —— 126

걸음이 만드는 이야기 —— 128

도시공간소통의 양념 —— 130

도시의 기억: 샬리나 —— 135

도시의 기억: 기능주의 —— 137

도시의 기억: 브르노 바우하우스 클러스터 —— 143

도시의 기억: 지역 예술가 —— 146

4장 | 말하는 도시를 위하여

공동체 미디어 —— 152

브르노의 경계공간, 분절과 소통 —— 159

체코의 베트남인 —— 164

체코의 로마인 —— 167

경계공간 —— 169

이주민의 편입 —— 172

동질성의 위험 —— 174

공간은 미디어다 —— 176

한달살이 —— 178

현실: 일하는 시간이 긴 도시 —— 179

현실: 이동거리가 긴 도시 —— 183

현실: 상징적 의미에 구속되는 도시 —— 188

현실: 소비가 많은 도시 —— 191

말하는 도시를 위하여 —— 193

참고문헌 —— 197

1장 | 공간과 맥락

| 여행 |

　관광객과 거주민은 한눈에 구분된다. 익숙한 도시를 다닐 때와 여행으로 방문한 도시에서 사람 시선의 움직임은 사뭇 다르기 때문이다. 여행지에서 우리의 눈은 교회탑 부터 시작해서 건물에 새겨진 세밀한 조각, 보도 블록의 이국적 패턴, 맨홀 뚜껑과 사인 시스템의 메시지까지 많은 것을 담기 위해 부지런히 움직인다. 때로는 목을 뒤로 젖히고 팔을 들어 사진을 찍고, 조금이라도 높이 올라가서 도시를 내려다 보기도 하며, 고개를 숙여 지도나 스마트폰으로 위치를 확인한다. 시야에 들어오는 모든 것을 저장하기 위해 파노라마 사진이나 동영상을 찍는다.

　멀리서 들려오는 소리를 듣고 움직여 거리공연을 보다가, 다음 일정을 위해 이층 버스에 올라타 거리를 내려다보고, 목과 눈을 역동적으로 움직이며 광경을 기억한다. 벼룩시장을 둘러보며 이국적인 물건을 탐색하고 다른 사람들을 관찰하고 귀 기울인다. 관광객은 최대한 도시의 많은 정보를 수신하기 위하여 몸과 시선을 분주하게 움직이기에 한눈에 구분된다.

탐색하는 관광객: 프라하 천문시계

| 일상 |

관광객의 입체적인 시선과는 달리 일상에서 시선은 평면적이다. 보행자는 정면과 바닥을 단속적으로 훑으며 갈 길을 간다. 옆을 스치는 사람과 공간을 힐끗 돌아보며 단순한 눈 놀림을 유지한다. 대수롭지 않은 시선으로 주변을 살피면서 정보를 수집한다. 공연 포스터, 이벤트 현수막, 할인 판매 정보, 교통 상황, 날씨나 미세먼지 농도와 같은 실용적 정보는 물론이고, 사람의 옷차림으로 계절 변화를 감지하고 새로 단장한 가게의 디스플레이를 보며 유행을 느끼는 등 다양한 정보를 무덤덤하게 습득한다.

한편 내가 출근하며 집에서 챙겨 나온 우산과 얼굴에 쓴 마스크, 그리고 두툼한 목도리와 백팩은 생각보다 많은 정보를 사람들에게 제공한다. 심지어는 내가 출근하는 시간, 퇴근하는 경로, 점심 메뉴도 하나의 정보가 될 수 있다. 도시 공간을 여러 방법으로 채워가는 개인 역시 자기도 모르게 많은 정보를 생산하고 전달하면서 다른 사람들과 소통한다.

평면적 일상: 브르노역 남측 광장

| 공간 |

 이 책이 담고 있는 것은 이러한 일상의 시선과 그 시선으로 전달되고, 다시 구성되는 도시 공간에 대한 이야기이며, 그 공간과 구성원들이 만들어가는 소통에 대한 이야기이다.

 공간이란 포괄적인 의미를 가지고 있다. 아무것도 없는 빈 곳을 칭하기도 한다. 갈라놓은 경계 지역인 '구역 Area, Zone' 혹은 '영역 Territory'을 의미하기도 한다. 다음 지도는 이 책이 다루고 있는 소재인 체코 동남부의 남모라비아 South Moravia 지도이다.

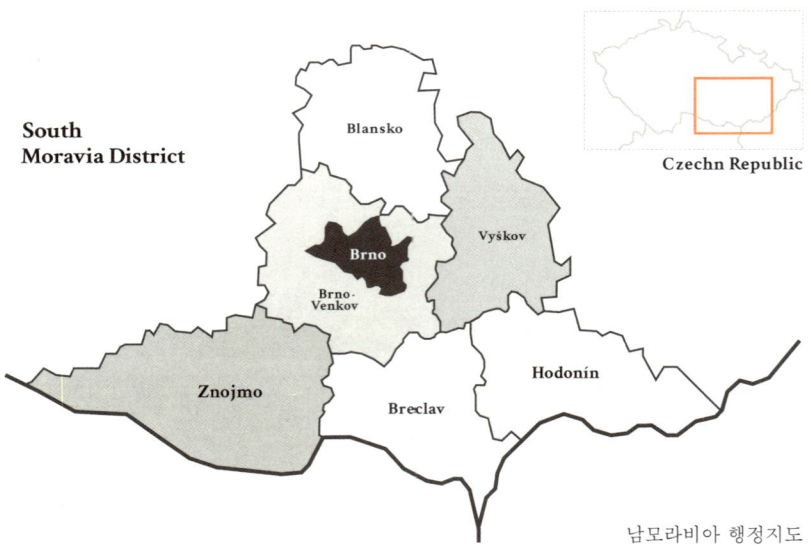

남모라비아 행정지도

 이 지도는 남모라비아를 행정적으로 나눈 것, 즉 사람이 보고, 다루고, 이해하기 편리하게 구획한 것을 보여준다. 하지만 이 지도 안에서 행정구역 이상의 맥락을 찾기는 힘들다.

이 책에서의 공간은 시간과 함께 세계를 성립시키는 기본 형식의 의미를 가진다. 즉 'Time and Space'에서의 공간의 의미이다. 이는 도시를 단순히 구획이 가능한 평면적 대상이 아닌 공간, 사람, 사물 등 다양한 요소가 물과 공기처럼 부지불식간에 일상적으로 소통하고 있는 입체적 조망의 대상으로 보는 것이다.

도시공간소통Urban space communication은 하나의 독립적 학문 영역이 아니라 도시공학, 도시계획, 건축, 디자인, 커뮤니케이션, 사회학, 인류학, 미학 등 수많은 학문 영역들이 복합적으로 적용되는 '융복합' 학문이다. 여러 학문 영역에서 도시공간소통에 관심을 보이는 이유는, 연구자들을 비롯한 이 세계의 대부분의 사람이 그 공간에서 숨을 쉬고 경제활동을 영위하고 공동체를 이루며 살아가고 있기 때문일 것이다.

공간이 서로의 의미를 규정하여 새로운 의미를 만들어내고, 공간이 사람에게 행동을 지시하기도 한다. 사람은 공간을 통해 새로운 정보를 생산하고 제공한다. 사람과 사람은 동시에 한 공간에 공존하며 그 공간을 공적인 소통의 공간으로 만들어간다. 이렇듯, 너무 일상이라 학문적이기 힘든 도시공간소통을 연구하는 가장 좋은 방법 역시 아주 일상적이어야 한다.

새로운 의미로 확장된 보도: 파르두비체 /좌상
1인 고객이 앉게 만드는 카페의 창가 자리: 프라하 /우상
꽃으로 알리는 새로운 계절: 프라하 비쉐흐라드 /좌하
광장의 비눗방울이 만드는 낯선 이들의 공존: 프라하 /우하

| 도시공간과 소통 |

　도시공간소통을 정리된 개념과 사례로 보여주기 위한 많은 노력이 있다. 도시공간이 어떠한 시각 신호를 보내면서 사람과 소통을 하고 있는지, 사람들은 이 신호를 공간에 어떻게 더하는지 등에 대한 기호학적인 연구는 길거리의 포스터에 대한 연구로부터 시각 효과와 범죄의 상관 관계성까지 다양하게 조명되어왔다. 사람들이 공간을 공유하며 가지고 있는 집단 기억을 어떻게 생산, 공유, 재구성하는지에 대한 고민도 연구의 소재가 된다. 기억은 소통의 재료로 이야기를 끌어내기 때문이다.

　그런가 하면 점점 늘어나는 외지인, 특히 해외 이주민들과 도시 공간을 공유하면서 겪게 되는 다양한 소통 역시 새로운 큰 주제가 된다. 하나하나의 건축물과 건물 외벽을 장식하는 각종 광고, 지역의 역사와 가치를 드러내는 조형물도 도시공간소통의 매개체로 연구된다. 그 외에도 하나의 미디어로서 정보를 연결하고, 소통을 주선하며, 의미를 새롭게 만들어가는 도시의 기능과 역할에 대한 연구도 가능하다. 이처럼 도시공간소통에 대한 소재는 다양하다. 이 책에서 이러한 다양한 고민을 모두 다룰 수는 없겠지만, 체코 동남부에 위치한 유럽의 작은 도시 '브르노Brno'에서 발견되고, 관찰되고, 고민되고 있는 것을 통해 소통에 대한 이해를 조금이나마 넓혀보고자 한다.

 브르노는 인구 약 40만의 체코 남부 도시다. 물론, 이렇게 유럽의 작은 도시를 대상으로 사람, 공동체, 소통을 다루고 이를 통하여 무언가를 도출하다 보면 '복잡하지 않아 쉬엄쉬엄 지나가며 변화를 쉽게 체득할 수 있고, 그리 넓지 않아 돌아다니기 편한 작은 도시에서나 가능한 얘기'라는 비판을 종종 들을 수 있다. 긴 이동 거리, 복잡한 통근, 높은 부동산 가격, 각종 공해, 첨단 지역과 슬럼화된 지역의 대비, 젠트리피케이션, 여러 집단의 공존과 높은 인구밀도 등 많은 변수가 존재하는 서울, 상하이, 도쿄, 홍콩 등의 아시아 '메가 시티'와 브르노라는 중부 유럽의 작은 도시의 사례를 일대일로 놓고 비교하긴 힘들 것이라는 이야기다.

 이러한 현실적 비판은 충분히 받아들일 만하다. 현지의 맥락을 고려하지 않고, 브르노의 이상적인 사례들만 나열함으로써 별문제 없이 살아온 우리 일상 현실을 굳이 초라하게 만들 필요는 없기 때문이다. 다만 여기에서 브르노라는 도시는 우리의 삶을 다른 방향에서 조망하기 위한 하나의 도구와 같은 역할을 하고, 새로운 생각의 프레임을 제공하는 역할을 한다. 즉 브르노라는 도시를 통하여 우리의 '생각의 단위'를 조금 바꾸어 보았으면 한다.

브르노 중심부, Liberty Square (Náměstí Svobody)

우리동네 공간소통

사실 소통에서 도시의 크기와 복잡한 정도는 중요하지 않다. 우리가 서울이나 부산 등 대도시에 살아가고 있다고 하더라도, 실제 우리의 삶이 특정 대도시라는 거대한 단위로 구성되는 것은 아니기 때문이다. 우리 삶은 일상을 살아가는 공간과 공간을 연결하는 동선을 따라 구성된다. 서울 같은 메가 시티의 특성 전부가 우리의 삶에 오롯이 투영되지 않는다. 이 책이 이야기하는 도시공간소통 역시 거대한 도시 단위보다는, 우리가 점유하는 일상 공간과 동선이라는 보다 작은 단위로 시선을 좁혀서 접근한다. 달리 말하면 '대도시 공간소통'이 아니라 '우리 동네 공간소통', 혹은 '내 출퇴근길, 통학 길 공간소통' 등 내 삶에 적극적으로 반영되는 것들에 대해 고민해보자는 것이다.

우리가 일상적으로 살아가는 공간에서의 소통은 우리가 살아가는 매 순간이 반영된다. 반복되는 풍경과 일상에서 부지불식간 진행되는 이 소통은 그 자연스러움 때문에 우리 삶의 주요 의제가 되지 못하고 뒤로 밀려나기 쉽다. 이 책에서 이야기하는 '도시공간소통'은 장엄한 거대 도시의 구조가 만들어내는 소통과 불통에 대한 논의보다는, 이렇듯 작은 골목, 작은 이동, 작은 만남 속에서 벌어지는 소통에 대한 관심에 근거한다. 이렇게 잘게 쪼개어 우리의 도시공간을 들여다보면, 우리가 사는 도시의 규모와 상관없이 참고하고 변용할 만한 여러 사례를 찾을 수 있을 것이라는 기대가 담겨있다.

'우리 동네'라고 하여 여기서는 한 동네에 거주하는 주민을 다루는 것은 아니다. '우리 동네 사람들'이란 우리가 거주하는 곳에 사는 사람뿐 아니라 우리가 스치는 모든 사람을 말하는 것이다. 우리가 사는 곳에 온 관광객도 나와 공간을 같이 점유하고 소통한다면 우리 동네 사람이 될 수 있다.

우리가 '한국 사람'이고 우리나라를 찾는 외국인을 '관광객' 혹은 '이주노동자'라고 부르는 구분은 현실이 정해놓은 하나의 분류와 나눔의 단위이다. 일상생활에서는 모든 사람이 하나의 주체로서 삶을 영위하며 지나친다. 관광객, 원주민, 외국인, 난민, 주부, 아기 엄마, 직장인, 남자, 여자, 어린이, 청소년, 노인, 장애인 등으로 간단히 구분 가능한 것 같지만 이런 구분은 정작 그 안의 개인의 특성을 외면하고 현실을 왜곡한다. 또 이런 나뉘어버린 집단은 쉽게 차별과 혐오 그리고 배척의 대상이 되기도 한다.

'Divide and rule'이라는 '분할 통치'는 단지 식민 지배 시대의 폭압이 아니다. 우리가 이런 구분을 만들어 한 집단의 특성을 평균 내어 규정짓는 것 자체가 폭력이다. 여기에서는 이러한 구분을 벗어나 구분된 그룹 안에 속한 사람이 아닌 일상생활을 영위하는 사람 하나하나와 그 사람들이 창조하는 관계, 그리고 그들을 둘러싼 공간에 집중하자는 것이다.

| 노드와 링크 |

네트워크 이론에서 '노드'와 '링크'라는 개념이 있다. 노드Node 라는 개념은 마디와 같다. 다음 그림에서 동심원으로 표현된 각 꼭짓점이 노드가 되며 노드는 곧 접점이다. 노드와 노드를 이어주는 것을 링크Link 라 하며, 여기에서는 선분으로 표현한다.

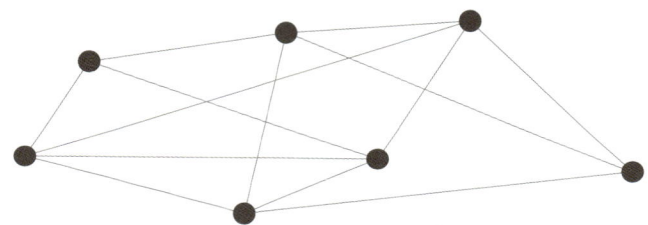

네트워크, 노드와 링크

위 그림에서는 일곱 개의 노드가 있다. 동심원으로 표현된 이 일곱 개의 노드는 이 책에서 사람이나 집단이 될 수도 있고, 정류장, 건물, 미술관, 광장 등의 공간이 될 수도 있다. 그리고 이 그림에는 열세 개의 링크가 있다. 노드를 잇는 열세 개의 링크는 노드 간의 소통 즉 연결을 의미한다. 도로, 골목, 대화, 시선, 동선 등이 이 링크를 만든다. 위의 네트워크 도해처럼 도시에서 사람과 사람, 공간과 공간, 사람과 공간은 서로 연결되어 영향을 주고받는다.

네트워크는 여러 가지 형태를 가지고 있다. 가장 많이 보이는 형태가 위와 같은 '그물형Mesh' 네트워크이다. 그물형은 얽혀있는 여러 링크를 통하여 서로 영향을 받는다. 대부분 사람 관계가 이것과 비슷하다. 흔히 '한 다리 건너면 다 안다'는 이야기를 많이 하는데 바로 그물형 네트워크가 이런 관계를 보여 준다. 위 그림에서 직접 연결이 되지 않은 두 개의 노드는 다른 한 노드를 거치면 연결이 된다. 일상생활에서 내가 직접적으로 알지 못하는 사람이지만 내 친구나 가족, 동료를 통하면 알게 되는 것이다. 공간과 사람, 공간과 공간도 이러한 그물형 네트워크를 통하여 연결되고 서로 영향을 주고받는다. 이런 네트워크는 자연에서도 자주 관찰되는데 대표적인 것이 거미줄Web이고 영국의 과학자인 팀 버너스 리Tim Berners-Lee는 거미줄에서 착안하여 인터넷을 간단히 웹 또는 월드 와이드 웹WWW, World Wide Web이라고 부르기 시작했다.

네트워크는 그물형 네트워크 외에도 나뭇가지나 나무뿌리, 우리의 가족 관계도와 같이 계층을 가지는 트리형, 일렬로 늘어선 선형이나 둥글게 연결된 원형(링형), 별(성형)과 같이 연결된 형태 등으로 구분할 수 있다. 네트워크의 형태를 보면 그 네트워크가 가진 연결과 소통의 특징을 알 수 있다. 다음 그림을 보자.

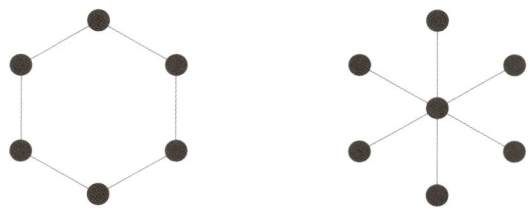

링형 네트워크와 성형 네트워크

위 그림에서 왼쪽은 링Ring형 또는 환상형 네트워크라고 부른다. 이러한 네트워크는 서울 지하철 2호선과 같은 공간 구조를 생각하면 된다. 이 네트워크는 상하관계가 없이 모두가 같은 위계와 권리를 가진다. 이 네트워크의 단점은 건너편으로 가려면 많은 노드를 지나쳐야 하는 것이다. 지하철 2호선 삼성역에서 을지로입구역까지 단번에 가로질러서 가지 못하는 것과 마찬가지다. 이 네트워크의 장점은 비교적 적은 링크로 많은 노드를 한 번에 연결할 수 있다는 것이다. 대도시에 많은 외곽 순환도로가 이와 같은 개념이다. 도심을 가로지르는 여러 개의 도로를 만드는 것보다 바깥으로 한 번에 큰 원을 그려 서로 연결하는 도로를 만드는 것이 경제적일 때 이런 선택을 한다.

위 그림 오른쪽과 같은 별의 형태를 가진 네트워크도 있다. 성Star형 네트워크라고 하는데 중간에 하나의 허브가 되는 사람이나 공간이 있고 여러 공간이나 사람이 허브에 연결되는 경우가 이에 해당한다. 흔히 허브공항이라고 하는 인천공항, 일본 나리타공항, 미국 애틀랜타공항, 영국 히스로 공항 등과 주변 군소 공항의 관계가 이러하다. 학부모 네트워크도 이런 별의 형태로 설명이 된다. 학교라는 허브를 통하여 서로 몰랐던 사람들이 연결이 되는 것이다. 아파트에서 한 층에 엘리베이터가 하나 있고 두 개 이상의 가구가 같은 층에 배치되면 이러한 성형 네트워크 공간 구조가 생긴다. 특별한 일이 아니면 마주칠 경우가 없는 현대 주거 패턴에서 엘리베이터는 허브가 된다.

선형 네트워크와 버스형 네트워크

위 그림의 왼쪽은 선Linear형 네트워크이다. 이런 네트워크 구조도 흔하게 관찰된다. 예를 들어 미술관이나 박물관의 전시 공간은 느슨한 선형 구조로 많이 설계된다. 표를 산 후에 입장하여 걷다 보면 차례대로 전시물을 놓치지 않고 볼 수 있는 구조이다. 버스 등 대중교통의 노선 등도 순환노선이 아닌 이상 대개 이러한 선형 공간 구조를 가진다. 가구점 이케아IKEA의 전시장도 세계 어디를 가나 비슷한 구조를 가지는데 바로 선형 네트워크 구조다. 이케아 전시장을 돌다 보면 고객은 거실, 침실, 서재, 조명, 화장실, 주방, 액세서리 등을 놓치지 않고 보게 되고 마지막에는 창고 형태의 매장을 들리게 되고 물건을 계산한다. 그리고 매장의 앞뒤에 레스토랑과 음료, 스낵을 파는 키오스크를 설치해 놓는다.

선형 네트워크와 비슷한 것으로 오른쪽에 있는 버스Bus형 네트워크가 있다. 버스형 네트워크는 거리형 주소체계를 생각하면 된다. 가운데 길을 놓고 양옆에 높인 건물에 홀수와 짝수로 번갈아 번호를 매핑한 거리 주소 체계의 기본 시스템이 버스형 네트워크를 잘 설명해준다. 버스형은 매우 효율적인 네트워크로, 가운데에 길 하나만 열리면 많은 노드가 붙을 수 있는 장점이 있다. 한 노드가 망가져도 나머지 노드가 모두 작동한다. 다만 가운데 메인 링크가 제대로 동작하지 않으면 전체적인 네트워크가 작동하지 않는 단점이 있다. 한 집에 수도가 고장 나도 다른 집에 물이 나오지만, 가운데 중앙 수도관이 막히면 한 블록 모두 물이 나오지 않는 것과 마찬가지이다.

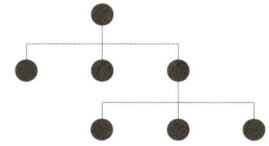

트리형 네트워크

위의 그림처럼 트리Tree형 네트워크 구조는 하이어라키Hierarchy, 즉 위계를 가지는 것이 특징이다. 자연계에서는 나무줄기와 가지, 혹은 나무뿌리를 생각하면 된다. 한 집안의 가계도, 즉 족보는 트리형 네트워크로 그리는 것이 가장 적절하다. 군대의 계급 체계, 회사나 관공서 조직의 직급 체계 등도 이러한 트리 구조를 가진다. 공간에서도 이와 같은 위계를 쉽게 찾을 수 있다. 큰 광장 주변에 빌딩들이 배치되고 빌딩 안에 다양한 상점들이 입점한 경우 광장 〉 건물 〉 상점 순의 계층 구조를 가진다. 종합대학 안에 여러 단과대학이 있고 그 아래에 학부나 학과가 있는 것 또한 이런 계층구조다.

여기에서는 그물형, 링형, 성형, 선형, 버스형, 트리형 네트워크를 예로 공간과 사람의 소통구조를 설명하였다. 하지만 대부분의 공간이나 인간관계는 어느 하나의 네트워크 형태로 간단하게 정의되지는 않고 대개 두 개 이상의 네트워크 형태나 성격을 복합적으로 나타낸다. 이른바 하이브리드Hybrid형 네트워크를 가지게 되는 것이다. 친구 관계가 여럿이 얽힌 그물형 네트워크라면 가족 관계에서는 세대에 다른 위계가 있는 트리형 네트워크를 가지는 식이다. 은행이나 관공서에서 순번대기표를 뽑으면 나는 어느새 선형 네트워크에 속한듯하지만 회사에서 나는 계층구조를 가진 조직도에 들어간다. 학교의 한 교실이 각 가정의 여러 학생들이 모여드는 허브 역할을 하는 성형 네트워크 공간이라 생각할 수도 있고, 'A초등학교' 〉 'N학년' 〉 'N반 교실'이라는 계층을 가지는 트리 구조로 파악할 수도 있는 것이다.

| 소통의 기능 |

왜 이런 '도시의 소통'을 주제로 삼는가? 소통의 기능에는 여러 가지가 있지만, 그중에서도 특히 강조되는 것이 '설득'과 '불확실성의 제거'이다. 도시는 예로부터 전국 각지에서 다양한 목적으로 이주한 사람들이 살고 있는 곳이지만, 이 이주의 범위와 규모는 최근에 급격히 확대되고 있다. 예전에는 각 지방에서 온 사람이 도시를 구성했다면, 이제는 세계 각지에서 온 사람들이 도시를 구성하는 게 낯설지 않다. 도시가 커지고 세계화되면서 우리는 이제 도시공간에서 일상적으로 더 많은 낯선 사람과 마주한다. 그리고 자연스레 그들과 '구분 짓기'를 시도한다. 도시공간은 그 구분 짓기의 기능적인 역할을 담당하기도 하고, 그 구분 지어진 모습을 반영하기도 한다.

'차이나타운', '리틀도쿄', '쁘띠프랑스', '코리아타운', '리틀사이공' 혹은 '리틀하노이' 등으로 지칭되는 외국인 거리는 이주문화가 진전된 전 세계의 도시에서 발견된다. 이는 구분된 도시공간의 한 예이다. 다음 사진은 독일 베를린과 체코 프라하에 각각 위치한 베트남계 주민들의 상업지역이다. 이 공간들은 유럽에 위치해 있고 아시아계가 점유한 공간이기에 유럽의 풍경도 아니고 아시아적 풍경도 아닌 세계 어디에서도 보기 힘든 독특한 분위기를 가지고 있다.

베트남계 주민의 상업지역
베를린 Dor.g Xuan Center(좌), 프라하 SAPA Market(우)

이런 베트남계 상업지역은 이주민 수가 증가하며 점차 규모가 커지고 있다. 업종도 처음에는 식품, 의류, 생필품 등의 도소매 유통 위주였다가, 점차 요식업, 미용업, 금융, 인력 제공, 물류 등의 관련 서비스업으로 확장 되었고, 수요에 따라 제조업에도 손을 뻗치고 있다. 한 이주민 집단의 규모가 확대되어 하나의 준독립적인 경제 생태계가 만들어지는 것이다.

이 베트남 유통 단지와 같이 구분된 공간은 이주민들에게는 향수를 자극하기도 하고 기존 도시가 적절히 수행하지 못하는 것을 가능하게 하는 오아시스 같은 공간이다. 하지만 이주민들에게 익숙한 것들은 원래 주민에게는 낯설기 마련이다. 그렇게 구분이 지어지고, 더 낯설어지니 다른 문화권의 사람들은 이런 구분 지어진 공간에 장벽을 느낀다. 그리고 경험하지 못한 것에 대한 막연한 공포를 느끼기도 한다. 또한 직접 경험하지 못하고 다른 사람이나 매체로부터 전달된 왜곡된 정보를 통해 그 낯선 집단을 판단함으로써 불필요한 의구심이라는 심리적, 사회적 비용을 치르고 있다. 이른바 외국인 혐오, 제노포비아가 발생하는 것이다.

실제 서울에도 대림동, 가리봉동, 연남동, 한남동, 동부이촌동, 반포동,

자양동, 혜화동, 창신동, 광희동 등에 외국인 타운이 들어서고 있다. 지방에서도 부산 초량동, 인천 선린동, 북성동, 김해 동상동, 서상동, 주촌, 안산 원곡동, 초지동, 선부동, 수원 세류동, 시흥 정왕동 등지에도 이러한 이주민 거주 및 상업지역이 구성되어 있고 이 규모는 점차 커지고 있다. 또 규모에 비례해 이런 공간에 대한 사람들의 우려도 나온다.

서울 대림동의 폰샵

하지만 이런 우려는 대개 오해에서 불거진다. '외국인은 위험하다'라거나 '외국인 범죄율이 높다'는 것은 사실이 아니다. 또 '조선족은 범죄의 원흉이다' 또는 '외국인은 강력 범죄를 많이 저지른다'라는 말도 사실이 아니다. 한국 형사정책 연구원의 연구에 따르면 인구 십만 명당 범죄로 검거된 사람은 한국인이 평균 3,495명 외국인이 1,735명으로 한국인이 두 배가량 많다. 통계적으로 나타난 수치는 한국인이 외국인보다 훨씬 범죄를 많이 저지른다고 할 수 있는 것이다.

그럼에도 불구하고 왜 우리는 외국인을 우리나라 사람에 비해 위험하다고 생각하는 것인가? 외국인들에 대한 정보의 부재 혹은 왜곡, 무관심과 소통 부재 그리고 이에서 파생한 제노포비아가 복합적으로 작용한 결과이다. 여기서 이야기할 도시공간소통은, 이러한 소통 부재로 증가된 불확실성에 대한 반성과 성찰의 필요 역시 이야기할 것이다. 앞으로 더 큰 규모로, 더 일상적으로 겪어야 할 우리 도시와 우리 삶의 현실이기 때문이다.

LGBT 퍼레이드, 프라하 바츨라프광장

소통의 종류와 구조

한 도시를 볼 수 있는 관점은 여러 가지가 있다. 흔하게는 여행 서적처럼 볼만한 것과 먹거리, 오락거리를 중심으로 볼 수도 있고, 투자나 협력을 위한 자료처럼 인구, 경제, 산업 등의 정량적 지표를 중심으로 볼 수도 있다. 그 외에도 역사나 이웃 도시 국가와의 지리적 관계, 기후나 자연환경 등을 보는 방법도 있다. 여기에서는 서두에서 기술한 바와 같이 이 책은 중유럽의 중간 규모의 도시를 다름 아닌 '소통'의 관점에서 접근하고 있다. 역사, 지리, 경제, 여행 등과 달리 아직은 낯선 소통이라는 관점으로 낯선 브르노라는 도시의 면면을 이해하기 위해서는 도시공간소통의 접근 방식에 대한 좀 더 자세한 설명이 필요할 듯하다.

　현대 사회에서 사람들은 두 가지 종류의 소통을 한다. 하나는 몸짓부터 대화까지 우리 일상에서 사람들과 하는 각종 직접 소통이며, 다른 하나는 여러 사람이나 매체로부터 메시지를 접수하고 이를 다시 여러 사람에게 전달하는 대중매체에 의한 소통이다. 최근의 기술 발전으로 이러한 두 가지 영역은 복잡하게 얽히고 있어, 이러한 분류는 이제 큰 의미가 없는 것이 사실이지만, 도시공간을 소통의 당사자이자 소통의 매체로 이해하는 데 있어서 이 분류는 여전히 편리하다. 조금 더 구체적인 예를 든다면, 일상 사람들과의 소통에는 전화 통화, 메신저, 토론 모임, 친구들과의 수다 등이 있다. 한편 매체에 의한 소통은 방송, 신문 등의 매스 미디어는 물론 기업의 홍보물, 정부의 발표, 전시 등도 포함될 수 있다.

간접 소통. 프라하 국립미술관의 체코슬로바키아 100주년 기념 전시

그렇다면 이러한 소통이 발생하기 위해서는 무엇이 필요한가? 경우에 따라 다르기는 하지만, 독백이 대체로 소통의 영역에 들어가지 않는다는 것을 고려하면, 소통의 가장 우선적인 조건은 첫째, 메시지를 전달하고 받을 대상, 즉 수신자와 발신자가 존재해야 한다는 것이다. 이 대상은 사람이 될 수도 있고 매체가 될 수도 있다. 둘째, 어떤 메시지를 만들고, 전달하고, 받아들이고, 해석하고, 다시 재가공하는 과정을 거치려면 어느 정도 시간이 투자되어야 하고, 그 시간 동안 적절한 몰입이 필요하다. "발신자-시간 또는 몰입-수신자"의 소통 기본 구조가 필요한 것이다.

| 도시소통의 전제조건 |

이러한 가장 기본적인 소통의 전제조건을 도시공간소통에 적용해 본다면, 가장 먼저 이루어져야 하는 것은 사람과 사람, 공간과 사람, 공간과 공간 간의 '눈 맞춤' 즉 몰입의 시간이다. 어떤 식으로든 네트워크가 연결되어야 하는 것이다.

고개를 숙인 채 휙 지나가는 사람과 우리는 옷깃만 스쳤을 뿐 인연을 만들지 못한다. 시속 100km로 달리는 자동차의 뒤로 순식간에 점이 되어 사라지는 공연 홍보 현수막의 메시지는 머릿속에서도 점이 되어 이내 사라진다. 인접한 한 공간과 다른 공간이 벽으로 막혀 있다면 둘의 링크는 사라진다. 적절한 접촉의 보장이 소통의 기본인 것이다.

사람은 도시를 철저히 개인의 공간으로 점유한다. 개인의 목적지만 남은 도시 속에서의 빠른 이동은 기록되지 않는 독백이 된다. 이러한 독백이 쌓이는 도시에서 우리는 공간이나 타인에 대한 관심을 서서히 잃어간다.

19세기 영국의 급속한 산업화와 도시화를 목격하며, 엥겔스는 맨체스터 같은 대도시에서는 이미 부자들이 가난한 사람들이 사는 일상을 보지 않고 살아도 되는 상황이 되었다고 전한다. 즉 계급에 따른 도시공간의 경계가 형성되고 발달된 교통수단으로 도시 한 지점과 다른 지점이 연결됨과 동시에 사람들의 흐름이 역설적으로 단절되었다는 것이다.

이렇듯, 공간과 사람이, 혹은 사람과 사람이 눈을 마주하기 위해서는 더 많은 접촉이 필요하고, 그 접촉을 가능케 하는 장치의 조합들이 필요하다. 작게 보면 가게가 도로에 내어놓은 작은 장식, 벽에 붙은 온도계, 도로변 집 창가의 작은 화분이 이런 접촉을 이끌어 낼 수도 있다.

 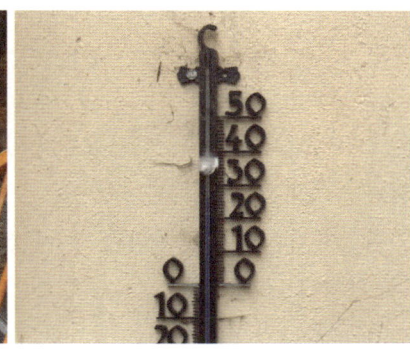

가게 앞 휴식 같은 공간, 집 밖에 설치된 온도계(브르노)

미셸 드 세르토Michel de Certeau의 파노라마 도시의 비유는 대중매체로서의 도시공간을 이해하는데 좋은 힌트를 제공한다.

"(위로부터 조망하는) 파노라마 도시는 이론적인 (즉 시각적으로만 가능한) 가상 존재이다. 달리 말하면, 현실로부터 괴리될 때만 존재 가능한 가상적인 것이다. 전지전능하게 모두 내려다보는 신과 같은 관찰자는 오직 그 스스로가 일상의 복잡다난한 현실로부터 괴리되어야 하며 그 모든 것으로부터 소외되어야만 한다. 도시의 일상 행위자들은 저 아래, 겨우 보이기 시작하는 그 지점에서 살아가고 있다. 그들은 도시 경험의 가장 원초적인 행위로써 걸음을 걷는다. 저 거리를 걷는 사람들은, 비록 (도시공간이라는 텍스트를) 읽을 능력은 없지만, 자신들이 스스로 작성한 '도시공간 텍스트'의 결을 따라 걷는다. 이 일상의 보행자들은 겉으로 보이지 않는 공간들이 어떻게 이용되는지를 결정한다."

[미셸 드 세르토, p.93]

미디어에서 전달되는 내용은 그 내용을 구성하는 과정(인코딩)과 그 구성된 내용을 이해하는 과정(디코딩)으로 이루어진다. 물론 이 두 과정은 기계적으로 결합되는 것이 아니라 생산과 소비의 다양한 사회문화적 맥락 속에서 여러 가지 모습으로 나타난다. 그렇게 미디어가 전달하는 내용은 누군가에 의해서 만들어지고, 여러 사람에게 전달되어 해석된다. 그 생산과 전달의 규모가 크게 일어날 때 우리는 이를 '매스' 미디어라고 명명한다. 그리고 현대 자본주의사회에서 이 내용의 생산 주체는 주로 상업 미디어나 상업화된 공영 미디어이다.

미디어 시장에서 생산되는 상품들은 현실의 다양한 권력 관계를 반영한다. 무엇이 더 가치가 있는지, 무엇이 더 옳은지, 무엇을 해야 하는지 등과 같은 메시지가 만들어져(인코딩), 미디어를 통해 대량으로 전달된다. 이러한 메시지는 화려한 시각적 이미지와 청각적 즐거움을 매개로 하여 대량으로 빠르게 퍼져나가 은연중에 우리의 삶에 녹아든다. 이 내용을 정확히 이해하는 것은 삶의 복잡한 맥락을 분석해서 풀어낸(디코딩) 후에야 비로소 가능해진다.

'파노라마 도시'는 이러한 상업 미디어의 생산물과 유사한 성격을 갖는다. 100층 전망대에서 보는 도시의 구성은 위에서 조망할 때 보이는 한 단면이다. 마치 컴퓨터 단층 촬영에서 이미지 한 장에 불과하다. 이는 수많은 도시의 모습 중 하나의 표현일 뿐이고 사실 누구도 현실적으로 마주칠 수 있는 것이 아니다. 관광엽서와 같은 도시의 스카이라인과 건축물, 기념물의 이미지 역시 누군가에 의해서 재해석, 재구성되어 생산된 이미지이다. 도시 구역별로 분리된 다른 계급과 다른 인종들의 공간이 100층 전망대에서는 한데 어우러져 조합된 이미지로만 남는다. 그렇게 만들어진 도시의 전망은 때론 관광엽서의 이미지처럼 고착된 상품이 된다. 이렇듯 도시의 파노라마 이미지를 소비하는 방문객들에게 이 도시는 충실한 상업 미디어가 되어 소비하기 좋은 프로그램들을 생산하고 배포한다. 마치 복잡다단한 삶의 제한된 단면으로 이야기를 만들어내는 TV 드라마와 같은 규격화된 시스템에서 만들어진 상품을 제공하는 것과 비슷하다.

프라하성과 프라하시의 파노라마

관광객은 이러한 상품에 열광할 수밖에 없다. 한정된 시간에 한 도시를 다 이해하고 보려 한다. 서울에 방문한 관광객은 순례자처럼 서울 남산의 N 타워에 오르고 인사동에서 한국 문화를 느끼고 홍대 앞에서 밤 문화를 즐긴다. 파리에 가면 관광객은 에펠탑 앞과 위에서 사진을 찍고 샹젤리제를 걷는다. 프라하에 온 관광객은 카를 다리에 가고 올드 타운을 서성이고 프라하성에서 도시를 조망한다. 이런 곳에서 조금만 벗어나도 관광객은 눈에 띄게 줄어든다. 이러한 명소에서 사진 찍기식의 관광은 단기 관광객일수록 매우 효율적으로 다가온다. 짧은 시간에 효과적으로 그 도시의 삶의 정수를 맛보는 듯하다. 하지만 그를 통해 볼 수 있는 것은 컴퓨터 단층 촬영의 한 컷처럼 극히 단편적이고 한정된 이미지이지만 관광객들은 많은 것을 봤다고 느낀다. 그리고 때로는 그 도시와 사람들을 이해했다고 이야기한다.

이런 행위는 하나의 클리셰다. 관광객은 호기심을 충족하기 위해, 자기만족을 위해, 다른 사람에게 할 이야깃거리를 만들기 위해, 혹은 소셜 네트워크에 사진을 올리기 위해서 파노라마 도시, 스케이프라는 상품을 소비하고 그걸 증거로 남긴다. 결국 관광객은 누군가에 의해 만들어진 상품을 충실히 소비할 뿐이고 더 나아가 자신이 소비한 것을 재생산하여 타인에게 여러 경로를 통하여 배포하는 미디어의 역할까지 기꺼이 떠맡는다. 이런 작은 미디어가 쌓이면서 스케이프가 가진 클리셰는 더욱 공고해진다.

미디어는 모든 것을 정확하게 그리고 공평하게 전달하지 않는다. 사람들이 접하는 정보는 한정되어 있다. 프라하성 앞의 스타벅스에는 손님의 90%가 방송과 블로그를 보고 찾아온 한국 손님이고, 한국 관광객은 소셜 미디어에 회자되는 특정 외국 브랜드의 화장품을 단체로 쇼핑한다. 여행하는 도시의 선택도 이러한 재생산된 미디어에 의존하다 보니 특정 도시에는 한국의 손님이 넘쳐난다. 어떤 소도시 레스토랑의 주인은 갑자기 단체로 몰려오는 한국 손님이 반가우면서도 의아하기만 하다.

| 소비도시 |

하지만 TV 드라마와 일상의 서사는 다르다. 일찍이 20세기 전반기에 루이스 멈퍼드가 "도시의 거리는 삶의 드라마가 연출되는 무대"라고 정의했듯이, 전망대에서 내려다본 도시의 저 아래 길 위의 요소 하나하나는 우리 스스로가 만들어가고 있는 드라마이다. 우리는 골목 사이사이를 걸으며 건물과 사람과 조우해가며 그 공간의 내용을 만들어가고 있는 드라마 제작자이자 출연자인 것이다.

우리 자신의 움직임이 끊임없이 창조하는 조합의 변화가 우리 도시공간의 예측 불가능한 줄거리가 되는 것이다. 하지만 상업 미디어의 드라마는 어떠한가. 잘 짜인 각본과 잘 꾸며진 세트장에, 능숙한 스태프와 연기자들이 만들어낸 드라마의 줄거리는 한정되어있다. 드라마는 더 많은 시청자가 다음 에피소드를 시청할 수 있도록 만든 각종 전형적 장치들 속에 묶여있다.

골목, 프라하시 홀레소비체

아도르노와 호르크하이머가 1940년대 미국의 미디어를 일컬어 '문화산업'이라 칭했던 그 미디어의 세계는 상당 부분, 어쩌면 더욱 공고하게 산업화되어 있다. 우리가 문화라는 단어를 떠올릴 때 우리가 일상에서 구성하고 공유하는 일상의 문화보다 미디어가 생산하고 유포한 산업적 문화를 먼저 이야기한다. 사람들의 대화에서 가장 흔한 주제는 어젯밤 본 드라마, 예능, 뉴스, 스포츠이며 그 주제에선 나와 우리가 주어가 아니다. 이러한 미디어 문화는 우리가 현실에서 겪는 다양한 결의 문화와 경험을 전달하지 않는다. 미디어 문화는 사람들을 미디어 생산물이라는 대량생산품의 취향에 길들여 소비하게 하는 '대량소비문화'에 가깝다. 20세기 중반의 논의가 갖는 결정론적인 시각의 한계에도 불구하고, 이러한 분석은 우리네가 현재 겪고 있는 문화-미디어-소비의 모습에서 크게 벗어나지 않는다.

우리의 도시공간도 마찬가지이다. 어느 노드에서나 오기 쉽게, 성형 네트워크의 중심에 멋들어지게 만들어진 쇼핑몰은 사람들을 모이게 만드는 핵심 요인을 제공하는 앵커 브랜드를 중심으로 우리 일상에 필요한, 혹은 필요하다고 믿게끔 만들어진 시설과 상품들을 갖추고 사람을 유인한다. 앵커 브랜드는 멀티플렉스 영화관이 될 수도 있고, 의류 아웃렛이 될 수도 있고, 대형 마트가 될 수도 있다. 앵커 브랜드와 함께 주차 한 번으로 해결할 수 있는 다양한 가게들을 갖춘 쇼핑 공간은 사람들을 쉽게 흡인한다. 이 공간 안에서 사람들은 밖의 날씨에 구애받지 않고 세련된 조명 아래에서 느긋하게 소비한다. 사람들은 꼼꼼한 계획으로 만들어진 쇼핑몰의 의도된 동선을 충실하게 따라 이동한다. 쇼핑몰은 수많은 가게가 들어 있는 열린 공간인 것 같지만 실상은 안쪽으로 굳게 닫힌 공간이다. 그 안에 있는 수많은 상점은 손님을 쇼핑몰 안에만 머무르게 하는 장치이다. 허브인 쇼핑몰로부터 나온 소비자들은 차에 물건을 가득 싣고 우리 사회가 이상적이라고 합의한 주거공간을 향해 차량으로 빠르게 이동한다.

사람들은 주체적으로 쇼핑을 한다고 생각하지만 사실 대부분 설계된 대로 움직인다. 사람들은 마트에 가면 동전을 넣고 카트를 끌고 과일, 채소 같은 신선식품부터 시작하여 마지막 계산대의 사탕과 껌, 담배 진열까지 소비를 촉진하기 위한 많은 장치, 즉 소비를 위한 선형 네트워크를 따라 쳇바퀴처럼 돌고 있다. 이렇게 현대 도시의 많은 사람들은 시장에 의해 형성된, 고객의 예측된 취향에 따라 정밀하게 구획된 공간을 별다른 타자와의 마주침 없이 목적 지향적으로 이동하고, 차량을 통해 목적지 사이를 건너뛰어 이동한다. 이런 우리의 도시공간 내 모습은 잘 짜인 문화를 판매하는 대중 미디어의 소비자와 꼭 닮았다.

| 걸음과 맥락 |

"걷는 행위와 도시공간의 관계는 말하는 행위와 언어 혹은 발화된 말의 관계와 같다. 이것은 말하는 사람이 언어를 하나하나 점유하듯이, 보행자가 도시 공간의 그 지형을 점유하는 과정이다. 또한 말하는 행위가 언어를 연출하여 연기하는 행위인 것과 마찬가지로 걷는 것은 어떤 장소를 공간적으로 연출하여 연기하는 행위이다. 그리고 말하는 행위가 상대방을 가정하고 상호작용을 만들어내듯, 걷는 행위는 서로 다른 공간적 지점이 관계를 맺게 주선하는 역할을 한다."

[미셸 드 세르토, p.97-98]

미셸 드 세르토가 위에 얘기한 것과 같이, 나의 걸음의 흐름, 그 동선은 한 지역의 리듬을 만들고 나아가 맥락을 형성한다. 어떤 면에서 걷는 것은 우리가 시각적으로 어떤 도시공간을 점유하는 것을 의미한다. 우리는 그곳을 지나고, 우리는 시각적으로 그곳을 차지한다. 그럼으로써 우리는 그 시각적 한 부분의 풍경을 바꾸고 구성한다. 일상에서 걷는다는 것은 퍼레이드에 참가하여 행진하는 것과 같다. 그렇게 우리는 하나의 공간 디자인 요소로 첨가되고, 그 첨가된 하나의 요소는 그 공간의 의미를 바꾼다.

촘촘히 짜인 의미의 망은 새로운 요소가 들어오면서 셀 수 없이 많은 새로운 의미 조합을 만든다. 그물형 네트워크에 하나의 노드가 생기면 하나의 링크가 아닌 복수의 링크가 생기는 것과 같다. 그렇게 우리는 공간을 점유하며 소통한다. 걸음을 통해 대중교통이 점유한 공간과, 정류장 앞의 맥줏집, 새로 들어선 동네 책카페와 그 길 건너편의 놀이터는 서로 관계를 맺는다. 여기에 자전거 가게가 하나 더 생기면 단순히 하나가 더해지는 것이 아니라 더 많은 의미가 파생되는 것이다. 자전거 가게라는 하나의 노드는 여러 링크를 가져온다. 의미의 강에서 "전체는 부분의 합"이 아니고, "1+1=2"가 아니다. 힙한 가게 한두 개가 더 생기면 골목 분위기가 확 바뀌는 이유이다.

오피스 빌딩 사이의 자연 놀이터. 브르노

문화는 소통에서 비롯된다. 그리고 그 문화는 맥락으로 촘촘하게 연결되어있다. 그래서 문화인류학은 어떠한 상황과 맥락을 이해하기 위해서는 일상의 소통을 이해해야만 가능하다고 전제한다. '가가 가가?'라는 경상도식 표현이나, '거시기하다.'라는 전라도식 표현이 일상에서 이해될 수 있는 것은 화자와 청자 간에 공유하는 맥락이 있기 때문이다. 우리는 어떤 집단과 오랜 시간을 공유함으로써 이 맥락을 몸으로 익힌다.

마찬가지로 일상 속에서 반복되는 복잡한 걸음의 이동 경로는 그 공간의 맥락이 된다. 학생들의 통학 경로, 직장인의 출퇴근길, 강아지와의 산책길, 주말 가족의 나들잇 길 등은 기록되지 못할 만큼 촘촘한 그물망이 되어 특정 공간의 깊은 맥락이 된다.

컴퓨팅에서 맥락 인지Context awareness라는 개념이 있다. 내가 평일 아침 일곱 시에 일어난다면 내 스마트폰은 늘 그랬듯이 내가 여덟 시에 출근할 것으로 맥락을 파악하고 나에게 출근하기 전 일곱시 반에 교통과 날씨 정보를 제공해 줄 수 있을 것이다. 금요일 밤에 내가 매주 토요일에 가곤 했던 마트와 영화관의 할인 쿠폰을 스마트폰이 수신하여 제공하면, 그 쿠폰을 오는 주말에 쓸 확률이 높아질 것이다. 더운 날 오래 걸은 사람의 스마트폰에 수신된 편의점의 아이스 아메리카노 1+1 행사 메시지는 무작위로 아무에게나 발송된 메시지보다 소구력이 훨씬 높아진다. 이렇게 맥락이란 사람, 사물이나 상황의 앞과 뒤, 둘러싼 환경과 인과관계를 의미한다. 사람의 패턴을 읽어내어 맥락을 인지하면 컴퓨터는 더 스마트한 서비스를 제공할 수 있다.

일상의 걸음에 대한 이해도 이 맥락이라는 말의 의미에 대한 이해로부터 시작된다. 여기에서 맥락은 언어로 치면 문법, 그 이상의 의미를 결정짓는 공유된 경험과 감정이다. 인터넷과 함께 나날이 등장하고 사라져가는 신조어를 어려워하는 기성세대들은 언어의 문법은 이해하고 있으나,

그 경험과 감정을 공유하지 못하다 보니 이해에 어려움을 겪는다. 이십 년 전 PC 통신 시대에 '당연하지'라는 말이 언젠가 '당근이지'라는 말로 쓰이기 시작하다가 '말밥이지'라는 말까지 진화한 적이 있다. '당연'이 '당근'이라는 쉽고 재미있는 단어로 변하고 이 당근을 말이 많이 먹는다고 하여 '말밥'까지 간 것이다. 이 변화를 모르는 그 위 세대에게는 대화 중 나오는 '말밥이지'의 의미를 유추할 도리가 없다. 재미있는 것은 '말밥'이라는 말은 어느새 지금 젊은 세대에서는 사라지고 나이 많은 세대만 아는 단어라는 것이다. 또 맥락이란 시간, 상황, 장소, 즉 TOP Time, Occasion, Place를 반영한다. 똑같은 '아기'라는 단어도 시간, 상황, 장소에 따라 '나이가 어린 사람'을 부르는 것이 될 수도 있고, '사랑하는 사람'을 부르는 것이 될 수도 있고, '내 아들의 부인'을 부르는 것일 수도 있다.

이처럼 맥락이란 어떠한 정해진 법칙이나 관습에 더해져서 공간과 상황을 공유하는 사람들이 무형적으로 이해하는 '원래 그러한 것'이다. 즉, 맥락은 동시대 경험과 감정의 공유로부터 형성된다. 여기서 이것을 동어 반복하는 이유는, 이것에 대한 이해가 이 책의 맥락이며, 그 맥락이 걸음이라는 일상의 행위로부터 시작된다는 점을 강조하기 위함이다.

| 문화 네트워크 |

문화인류학은 이러한 맥락을 이해하기 위한 방법으로 여러 가지를 제시하는데, 그중 하나가 클리퍼드 기어츠의 '문화는 의미의 망Web of significance이라는 개념이다. 한 문화 단위는 셀 수 없이 많은 작은 의미들이 거미줄처럼 촘촘하게 엮여 형성된다. 문화는 거대하고 보이지 않는 그물형 네트워크이다. 각각의 의미소가 자체적으로 고정된 의미가 있는 것이 아니라, 겹겹이 연결된 다른 의미소와 연결되어 새로운 의미를 만들고, 더 깊게 더 두껍게 그래서 외부인의 간단한 시선으로는 그 의미를 통찰해 낼 수 없는 그물망으로 형성된 것이 문화이다.

우리의 일상의 걸음과 그 걸음이 마주하는 다양한 사람과 구조물은 바로 이런 상호 과정을 거치며 의미의 망을 만든다. 이렇듯 우리의 걸음은 일상의 소통이자 우리 삶의 공간 맥락이다. 우리네 도시 공간의 내용을 구성하고 그 공간에 반응하는 걸음은 이렇게 도시 소통Urban Communication의 매체가 된다. 마치 대중 미디어Mass Media에서 내용의 생산과 소비를 대중 소통Mass Communication이라고 부르는 것과 같다. 즉 문화는 이러한 소통과 맥락이 중첩된 고도의 네트워크이다. 이런 이유로 문화는 높은 건물이나 전망대 위에서 파노라마식으로 조망할 수 없는 것이다.

지금까지 이 책이 이야기하고자 하는 것과 그 범위에 대한 설명을 하였다. 하지만, 그보다는 실질적인 사례와 그 안에서의 사람 움직임과 그들이 나누는 소통의 자세한 모습들이 곁들여져야 이해를 더 도울 수 있다. 중부 유럽에 위치한 체코라는 국가에 대해 간략하게 살펴보고, 이 책에서 이야기를 풀어나가기 위한 소재인 체코 제2의 도시, 그렇지만 우리의 눈에는 여전히 작은 도시인 브르노가 어떤 도시인지 알아보자.

2장 | 걸음의 조건

주거와 생각의 단위

주거 형태는 사람들의 생각과 행동을 변화시킨다. 1940년대 캐나다에서는 이미 현대의 대도시 주민들은 '골목길 모퉁이'보다는 '개인의 주거 단위'로 사고하는 경향이 있다는 연구가 있었다. 현대 도시의 삶은 대체로 두 가지 공간으로 분리된다. 하나는 비즈니스가 진행되는 중심 Urban이고, 하나는 중심으로 출근을 하는 시민들이 머무는 주택가 Suburban이다. 그중 주택가는 여느 미국 드라마에서 보듯 깨끗이 단장되고 너른 앞, 뒷마당을 가진 교외의 전원주택 단지로 이루어져 있거나, 한국의 여느 도시에서 보듯 반듯하게 구획되어 지어진 높은 아파트 단지로 구성된다.

미국 교외의 전원주택은 전형적으로 개인의 주거단위가 중심이 된다. 한 단지 내에는 비교적 생활 수준이 비슷한 사람들이 거주하게 되고 그 안의 단지 내 커뮤니티는 발달되어 있지만, 그 외의 주택 단지와는 교류가 적고 배타적이다. 한국의 아파트 단지 역시 밀집이라는 주거 형태의 차이만 있을 뿐 이러한 미국식 교외 주택단지와 크게 다를 것 없이 단지 내 생활환경이라는 타자와 분리된 주거환경을 추구한다. 이전에는 어딘가를 가야만 해결할 수 있었던 여러 가지 일을 한 번에 처리할 수 있는 쇼핑몰은 단지라는 개인의 거주 방식과 자동차 보급에 따른 개인의 이동 편리성에 최적화되며 발전했다. 이러한 쇼핑몰은 넓은 매장, 편리하게 주차할 수 있는 공간을 갖추고 사람들을 이끈다.

집이나 단지에서 출발한 차는 넓은 도로를 통해 다른 집들과 단지들을 빠른 속도로 지나치고 쇼핑몰 지하 주차장으로 들어간다. 그리고 그 안에서 레스토랑도 가고, 영화도 보고, 의사도 만나고, 먹거리도 구입하고, 다시 온 길을 되돌아 집이나 단지의 주차 공간으로 쏙 들어간다. 원스톱으로 많은 것을 해결하는 것이다. 이 구조는 전형적인 성형 네트워크 구조이다.

이 공간은 중앙의 쇼핑몰이 허브 역할을 한다. 아래 그림과 같이 다른 단지 사람들이 서로 마주치는 것은 허브인 쇼핑센터에서만 가능하다.

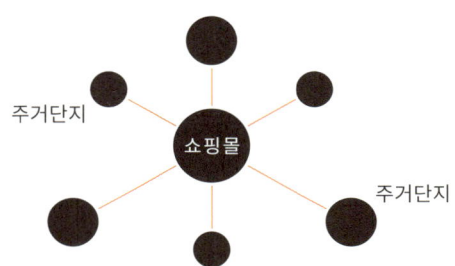

단지와 쇼핑몰의 성형 네트워크

성형 네트워크는 일견 매우 편한 구조이다. 중심인 허브로 가는 길만 뚫으면 새로운 단지와 링크가 생긴다. 한 단지가 작동하지 않아도 다른 단지는 건재하다. 하지만 허브가 작동하지 않으면 나머지 모든 노드가 마비된다. 이런 구조에서는 다른 노드에서 무슨 일이 벌어지는지 알기 힘들다. 다른 노드와 교류가 없으니 몇 분 거리에 있는 다른 노드에서 있는 일을 매스 미디어를 통해서 들을 수밖에 없다. 옆 도시 학교에서 총격 사건이 일어나면 트위터나 페이스북에서 제일 먼저 소식을 듣는 식이다.

이 네트워크 구조에서는 허브를 통하지 않으면 다른 단지로 가지 못한다. 사실 사람들은 다른 단지로 갈 이유를 느끼지 못하며, 내 단지의 일이 아니면 남의 일이 되어 버린다. 이는 현재 우리나라의 아파트 단지가 우리 실생활에 작용하는 방식과 비슷하다. 예전과는 달리 우리 아이들은 점점 같은 단지 내 아이들끼리만 어울리는 것이 자연스러워진다. 부끄러운 현실이지만 평수에 따라, 임대, 전세, 자가 등의 소유 형태에 따라, 아파트 브랜드에 따라 단지별, 세대별 구분 짓기도 나타난다.

스타필드, 이케아, 코스트코, 롯데 아웃렛, 이마트가 허브가 되는 성형 공간 네트워크 구조에서 우리는 눈 맞춤을 할 수 없다. 그리고 우리 도시에 대한 감각은 점점 무뎌진다. 자주 마주하지 않고 건너뛰다 보면 어느 순간 관심의 영역에서 벗어난다. 제인 제이콥스가 말했듯, 도시 공간이나 구조물이 우리의 삶을 결정짓지는 않지만, 부적절한 공간과 구조물 디자인이 도시공간에 대한 우리의 감각을 무뎌지게 한다. 관심이 없으면 대화를 하지 않고 타자의 관점을 알 도리가 없다. 어느새 우리는 나누어져 지배받는 것은 아닌가.

| 도보가능지수 |

20세기 후반기 이렇게 '잘못' 고안된 교외 주택단지에 대해 신물을 느낀 미국의 일부 사람들은 다시 도심이나 준 도심에 위치한 사람과 시설이 밀집되어 소통할 수 있는 지역을 선호하는 경향이 나타나기 시작했다. 이런 사람들을 위해서 일부 부동산 정보는 도보가능지수 Walkability라는 지표를 만들었다. 이 지표를 제공하는 사설 회사도 있는데 워크 스코어 Walk Score라는 회사는 웹과 모바일로 한 지역의 도보지수, 대중교통지수, 자전거지수를 제공한다. 이 회사는 도보지수를 식당, 식료품, 쇼핑, 업무, 공원, 학교, 문화 유흥 등의 카테고리로 분류하고 평가하여 총점에 따라 '보행자 천국', '매우 걷기 좋은', '걸을 수 있는', '자동차 의존적인' 등으로 나누어 제공한다. 또 대중교통의 편리성과 자전거 이용 편리성도 함께 제공하여 집을 계약하기 전에 라이프스타일을 예측할 수 있게 해준다.

이러한 지수는 특별히 표준화된 지표는 아니지만, 앞으로 살 집에서 얼마나 걸으면 지하철과 버스를 이용할 수 있고, 자전거 이용 편의성은 얼마나 되는지, 걸어서 얼마나 많은 일을 처리할 수 있는지 등 유용한 정보를 제공한다. 우리나라도 부동산 거래나 임대 시에 중개대상물 확인설명서를 통하여 도로, 대중교통, 주차장, 교육 시설, 판매 및 의료시설에 대한 거리 및 소요 시간 정보를 제공하게 되어있으니 계약하기 전에 이를 꼭 확인하고 검증하는 것이 필요하다.

꼭 새집에 입주할 때가 아니더라도 자기가 사는 곳, 혹은 일하는 곳의 도보가능지수를 이용한 지도를 만들어 볼 수 있다. 쇼핑, 카페, 주민센터, 도서관, 대중교통, 식당, 학교, 병원 등 자신이 필요한 변수를 선택하여 걸어서 몇 분 걸리는지 지도에 표시하여 만들어 보는 것이다. 도보가능지수 지도는 내가 생활하는 곳이 중심이자 허브가 되는 네트워크 지도를 그리는 것이다. 이를 통해 내가 사는 공간을 시각화할 수 있다.

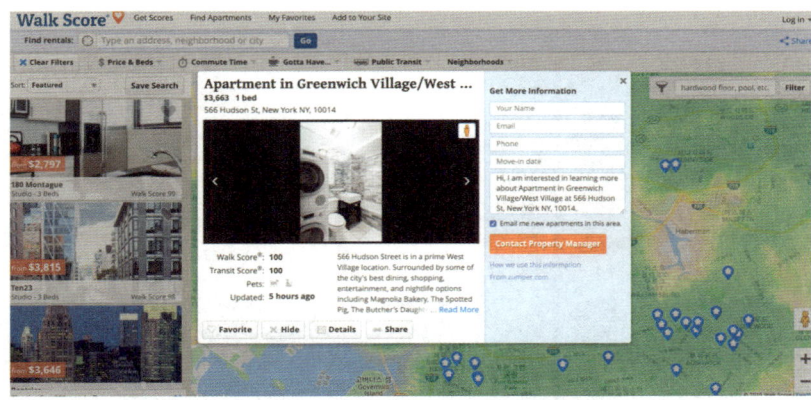

워크스코어 https://www.walkscore.com

걸음의 조건

　제프 스펙은 그의 책 '걸어 다닐 스 있는 도시'에서 도시공간에서 사람들이 더 걸을 수 있는 조건을 제시한다.

　'걷다'의 반대말은 무엇인가. 현대 도시에서 '걷다'의 반대말은 '뛰다'가 아니라 '차를 타다'일 것이다. 그렇듯, 제프 스펙의 걸어 다닐 수 있는 도시의 첫 번째 조건은 차가 우선이 되는 도시가 아닌, 보행자가 우선이 되는 도시여야 된다는 점을 든다.

　두 번째 조건은 공간 사용 방법의 다양성이다. 일례로 오피스 건물로 가득한 도심은 살기는 부적합하고 그러다 보면 일정한 패턴만 생기고 때때로 공동화되어 걷기에는 부적절한 공간이 된다. 사무실로 가득 찬 몇 블록에 걸쳐진 도심을 걸어서 출근할 수 없는 노릇이다. 한강 시민공원이 넓고 평평하지만, 공간 사용이 다양하진 않기에 사람들이 걷기 저어하게 되는 것이다.

보행자 우선 환경 _프라하성 주변

세 번째 조건은 주차공간의 제한을 통한 차량 유입 제한이다. 미국 도시들의 환경에 근거한 이 조건은 비교적 미국 외의 다른 나라의 대도시에서는 잘 지켜지는 조건이긴 하지만 유념해 둬야 할 부분이기도 하다. 차량 이용이 불편해야 걷는다는 것이다. 이는 맑은 공기 확보 등 여러 가지 긍정적인 부수 효과도 가져온다. 의도했든 하지 않았든 유럽 도시들이 가지고 있는 올드 타운의 좁고 울퉁불퉁한 길과 제한된 주차 면수는 자연스레 차량을 제한한다.

네 번째 조건은 대중교통의 확충이다. 이는 대중교통으로 이동하는 사람들은 결국 어디서든 걷기 마련이라는 상식에 근거한다. 반대로 차량 이용이 불편해지면 자연스럽게 대중교통에 대한 수요도 늘어나기 마련이다. 마찬가지로 대중교통의 확대도 미세먼지 농도 개선 등 다양한 긍정적 부수 효과가 생긴다.

다섯 번째 조건은 보행자의 안전 확보이다. 자동차 중심의 현대 도시에서 이 역시 자동차와 관련된 조건 중의 하나이다. 도시에서 보행자의 안전은 말 그대로 걸음의 중요한 조건이 된다. 자동차 외에도 보행자 안전을 위해서는 관련 법규의 정비, 치안, 자전거 도로의 확보 등 여러 가지 부수적인 장치들도 필요하다.

제프 스펙은 여섯 번째 조건으로 자전거 이용의 증대를 든다. 일반 자동차나 대중교통수단에 비해 느리고 개인적인 자전거는 보행자라는 더 느린 개인과 가장 조화로운 교통수단이기 때문이다. 요즈음 많이 타는 킥보드 등의 퍼스널 비히클도 적절한 규정이 지켜진다면 권장될 것이다.

일곱 번째 조건은 사람들이 걸을 수 있는 공간을 안정적으로 구성해내는 구조적 노력이다. 사람들이 걸어가며 도달할 수 있는 여러 공간이 사람 중심으로 편리하게 구획되어야 한다는 점에 대한 강조인데, 이 책에서는 다양한 공간의 인접성이라는 개념으로 변형하여 설명하고자 한다.

여덟 번째 조건은 나무를 많이 심어야 한다는 것이다. 이는 도시 공간에서의 걸음과 생활을 쾌적하고 건강하게 만드는 조건을 의미한다. 나무를 많이 심는다는 것은 벽화를 그리거나 보도블록을 바꾸는 식의 환경 개선의 의미 이상을 줄 수 있다. 나무는 계절의 변화와 자연을 느끼게 할 뿐 아니라 도시를 다채롭고 건강하며 생생하게 만들 수 있다.

아홉 번째 조건은 친숙하면서도 흥미진진하고 독특한 공간이라는 시각적 즐거움이다. 도시 전체의 구성요소가 모두 같은 톤이라면 금방 지루해질 것이다. 반복된 일상에서 반복된 이동공간은 피로감을 줄 뿐이다. 이 아홉 번째 조건은 시각적 변화로부터 모색하는 걸음 유도인 셈이다.

제프 스펙은 마지막 열 번째 조건으로 걸어 다니기 좋은 공간을 선정하여 집중적으로 구성해 나가는 노력을 든다. 도시공간은 새로운 흐름을 만들어 내고 이를 짧은 시간 안에 전면 확산시키기에는 너무나도 큰 거대 공간이다. 따라서, 사람들이 많이 다니는 몇몇 지역을 우선 침습적으로 재구성하는 작업을 통해 주변 작은 길까지 변화를 유도하는 전략적 사고의 필요성을 말하는 것이다.

이런 조건은 미국의 도시 경험에 근거한 조건들이지만, 비슷한 산업 발전과 도시화, 그리고 지구화를 경험한 세계 여타 지역의 도시들에 단순 적용해도 큰 무리가 없는 조건들이다.

브르노라는 중부유럽의 중간 규모 도시를 통해 도시공간소통의 조건과 면면을 설명하는 이 책에서는 제프 스펙이 제시하는 걸음의 조건을 직접적으로 대입하기보다는, 브르노의 도시-일상-맥락의 경험에 근거하여 몇 가지 조건을 제시한다.

걸음의 조건 1. 가까운 길

　인접성은 우리가 도시에서 더 많이 걸을 수 있는 기본 조건이 된다. 걷는 것이 운동에 도움이 된다며 일부러 먼 거리를 걷는 경우가 아니라면, '거리가 적당해야지 걷는다'는 것이다. 큼직큼직 나눠져있는 아파트 단지 사이로 걷는 것이나 띄엄띄엄 떨어진 교외 주택단지 밖으로 걷는 것이 쉽지 않은 이유가 인접성이 나쁘기 때문이다.

　문제는 우리가 언제나 가까운 데만 골라 다닐 수 있는 세상에 살고 있지 않다는 점이다. 높은 부동산 가격, 맞벌이, 학군 등의 문제로 멀리서 출퇴근하는 것은 일상이 되었다. 맛있는 음식을 먹거나 좋은 전시를 경험하기 위한 원거리 이동 역시 일반화되었다. 그럴 때마다 그 먼 거리를 걸어 다닐 수 없기에 우리는 자동차를 사거나 대중교통을 이용한다. 이 두 가지 옵션 중 우리에게 더 잦은 걸음의 기회를 주는 것은 물론 대중교통이다. 그런데, 지하철역까지 가는데 걸어서 30분이 걸린다면 어떨까. 아마도 많은 사람이 조금 무리를 해서라도 자동차를 구입하고 비싼 주차요금을 감수할지도 모른다. 따라서 인접성을 이야기할 때 생활공간과 대중교통의 인접성은 가장 기본적인 조건이 된다. 대중교통에 승차하는 지점까지의 인접성과 하차하는 지점으로부터의 목적지까지의 인접성이 동시에 고려돼야 한다. 그다음으로 고려해야 할 것은 각종 시설물과 생활공간의 인접성이다. 대중교통을 아무리 편리하게 이용한다고 하더라도 한 지점에서 다른 지점으로 매번 대중교통을 이용한다는 것은 시간이나 비용의 측면에서 비효율적일 수밖에 없다. 이런 경우 많은 사람은 대중교통수단에서 하차함과 동시에 순간이동하듯이 빠른 걸음으로 목적지를 향해 이동한다. 이러한 걸음은 소통 행위라기보다는 이동 수단일 뿐이다.

　좋은 대중 교통망은 일상의 걸음을 위한 중요한 조건이다. 하지만, 대중교통수단들의 속도가 너무 빠르다면, 그 자체로 보행을 위협하는 또 다른 요인이 된다. 또한 대중교통의 정류장 간격이 지나치게 멀면, 도시공간은 정류장 별로 단절되는 경향을 보인다. 이런 곳에서는 사람들의 동선이 다양화되기 쉽지 않고, 정류장과 목적지 사이의 단순한 왕복 도보만 반복된다. 이런 곳에서 보행자들이 도시공간의 창조적 작가가 되기보다는, 정해진 체계의 충실한 부품이 되어 반복 재생산자가 된다. 이렇듯, 대중교통망과 걸음의 상관관계는 상당히 복잡하다. 공간과 그곳을 차지하는 사람이라는 무수한 변수와 더불어 그곳을 두껍게 감싸고 있는 일상의 맥락들 때문에 이를 특정한 방법으로 계산하고 측정하기는 쉽지 않다. 현대 도시에서 대중교통은 우리 삶의 리듬을 결정하는 중요한 맥락이라는 또 다른 증거이다.

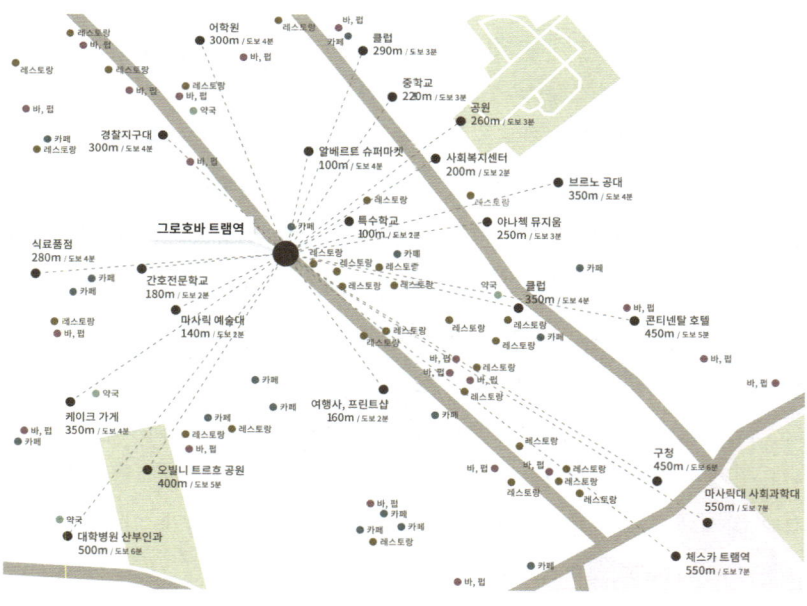

브르노 올드 타운 북서쪽 그로호바 트램역 주변의 도보 접근성

그다음으로 고려되어야 할 것은 우리가 늘 혼자만 다니는 것이 아니기 때문에 다양한 동반자들이 어려움 없이 함께 이동할 수 있는 다양한 이질적 공간의 상호 인접성이다. 바쁜 대도시에서 평일에 가족 단위의 보행자를 보기는 쉽지 않다. 하지만 이것을 바쁘고 복잡한 대도시의 탓으로만 돌리기에는 우리네 도시의 공간들은 편협하리만큼 구획적이다. 크게는 업무지구와 유흥가로 나뉘기도 하고, 줄줄이 비슷한 취향과 비슷한 구매층을 대상으로 한 상점가가 펼쳐져 있다. 학원가 또는 고시촌이라는 지역도 있다. 작게는 한가지 목적의 공간, 예를 들면 노인정이나 길거리 농구장 처럼 특정한 부류의 사람들을 대상으로 한 공간으로 나누어져 있기도 하다. 공간에 대한 획일화된 나이와 성별 구분이 일상적으로 통용되고 있는 사회는 이렇게 구분된 공간의 의미를 충실히 소비하고 있는 사회이다. 아빠들은 지루해한다는 백화점과 패션 아웃렛, 엄마들이 관심 없다는 전자 매장과 스포츠 경기장, 부모들이 관심 없는 놀이터와 잡월드는 바로 이 구분된 공간의 대표적인 예이다. 이렇게 특정 부류에 한정된 공간에서 여러 사람들이 같이 즐기고, 머무는 것은 쉽지 않다. 내가 걷기는 좋아도 가족들과 걷기 힘든 길들이 있기 마련이다. 따라서 사람들이 함께 움직이고, 함께 가까운 거리에 머물기 위해서는 다양하고 이질적인 공간이 가깝게 있어야 한다. 그렇게 사람들은 그 공간으로 이동을 하면서, 머물며 새로운 사람과 마주하면서 도시공간소통을 이어가기 때문이다.

아이들의 놀이 공간과 어른들의 모임 공간이 공존할 수 있는 카페가 있다면 부모와 자녀가 함께 찾기에 부담 없는 공간이 된다. 기존에 청소년을 타깃으로 한 어둡고 복잡한 만화방에서 진화한, 다양한 연령대를 타깃으로 하는 밝고 아늑한 만화카페는 가족 단위 고객이 들르는 복합문화공간이 된다. 노인들이 한가로이 친구들과 노천에서 바둑 한판 둘 수 있는 공간과 같이 나온 손자들이 흙장난을 할 수 있는 놀이터가 마주하고 있다면 모두가 지루함 없이 한때를 보내기 좋은 공간이 된다. 다양한 종류의 상업 시설과 함께 중간중간 머물러 쉴 수 있는 깨끗한 벤치, 분수대와 간단한 군것질거리를 제공하는 키오스크는 특별한 것 없이 머물 수 있어서 걷는데 부담 없는 공간이 된다. 길거리 농구장 옆의 동네 맥줏집은 그 맥주를 찾아온 남녀노소가 그때까지 도저히 이해할 수 없었던 중학교 2학년 청소년들의 건강하고 재치 있는 하루를 볼 수 있는 공간이 된다. 이렇게 다양한 성격의, 다양한 부류를 대상으로 한 공간이 인접되면, 사람들은 아무리 바쁘고 복잡한 도시에 살지라도 그곳을 걷고, 그곳에 함께 머무는 게 덜 부담스러워진다.

성당, 뮤지움, 상업지역, 극장 사이에 들어선 스케이트장, 브르노 체스카 트램정류장 주변

이렇게 이야기를 하다 보면, 길 가다 보면 없는 것 빼고 다 있는 대도시의 여느 거리는 모두 이에 해당된다. 그런데 우리는 왜 그 길을 잘 걷지 않을까. 그건 역시 앞에서 이야기한 바와 같이 너무 멀리 떨어진 목표지점이라는 한계 때문이다.

따라서 인접성의 세 번째 조건은 사람들이 머물게 되는 한 지점과 다른 지점의 인접성 보장이다. 만약 어느 사거리에 가면 놀이터, 벤치, 대중교통 정류장 다양한 시설이 밀집되어있다. 그런데 이곳에는 적당한 음식점이 없다. 그래서 음식점이 밀집한 지점으로 가야 하는데 걸어서 가기에는 부담스럽다면 사람들은 교통기관에 의존할 수밖에 없고, 자연스레 한 지점과 다른 지점은 자연스러운 흐름으로 연결되지 못하고 분리된다.

미국의 교외 개발이나 한국의 신도시 개발에서 '상권'이라고 불리는 곳들이 종종 이처럼 분리되는 모습을 발견할 수 있다. 부동산 개발이 삶의 중심이 되고 바쁜 산업화된 생활 환경 속에서 자동차에 대한 의존이 높아지면서 자연스레 만들어지는 우리 도시라는 미디어의 모습이다. 이 미디어에서는 늘 쌩쌩 달리는 자동차가 반복적으로 등장한다. 빨리 지나가는 자동차는 도시에 아무런 맥락을 만들 수 없다. 도시에서 이야기가 만들어지고, 그래서 드라마가 구성되기 위해서는 자동차로 가기엔 거추장스럽고 걷기에 부담스럽지 않은 거리에 한동안 머물러 사람들과 마주할 수 있는 새로운 노드가 필요하다. 도시는 그렇게 노드와 노드로 연결된 촘촘한 그물형 네트워크로 구성되고, 데이터는 그 네트워크를 오가는 사람들의 걸음으로 치환되어야 소통이 이루어진다.

| 걸음의 조건2. 안전한 길 |

그런데, 인접성만으로도 여전히 부족하다. 제아무리 좋은 컴퓨터 하드웨어를 갖고 있더라도 쓸만한 프로그램도 없고 지루한 시간을 달랠 동영상 하나 없으면 그 컴퓨터는 무용지물이다. 다양한 시설, 공간, 지점의 인접성이 도시공간소통의 하드웨어이자 네트워크라면 걷고 싶게 만드는 도시공간의 요소 하나하나는 소프트웨어이자 콘텐츠가 된다. 아무리 공들여 공간을 만들어놓아도 사람들이 걷지 않는 곳은 쇠락한다. 그리고 쇠락하다 보니 재미가 없고, 으슥하게 위험해져서 사람들은 더 걷지 않는다.

그래서 그동안 여러 도시 공학자, 도시 사회학자들은 걷고 싶은 길의 기본 조건으로 안전을 최우선으로 꼽아왔다. 현대 도시의 개발과 팽창에서 배제된 인간의 삶의 문제를 본격적으로 제기한 제인 제이콥스가 인간적인 도시의 중요한 조건으로 지적한 것이 안전한 거리이다. 제인 제이콥스는 도시의 거리는 다른 공공 공간과 더불어 도시의 가장 중요한 신체 장기와 같다고 비유하며, 이러한 거리에서의 안전은 사람들이 그곳을 지나고 머무는 데 있어서 필수불가결한 조건임을 설명한다. 그런데 보통의 믿음과 달리 공권력을 강화하는 것, 그리고 사람들을 더 안전하다고 여겨지는 교외의 번듯한 주택가로 분산시키는 방법이 꼭 안전을 담보하지 못한다. 이와는 반대로 보행자들이 거리를 끊임없이 이용함으로써 그들이 만들어낸 시선 하나하나가 공간의 안전을 증진할 수 있다.

안전한 거리를 떠올리면 흔히 우리는 밤에도 밝은 길을 생각한다. 그런데, 미국의 일부 커뮤니티에서는 안전을 위해서 가로등 설치를 반대하는데 그 이유는 역설적이게도 사람들이 지나기 좋아지기 때문이다. 그야말로 사람이 제일 무섭다는 이야기이다. 이런 커뮤니티들은 보통 중산층 이상의 주택가가 형성되어있는데, 개별적 가정 단위로 분리되어있고, 그

집 안에 다양한 시설이 구비되어있어 외부와의 접촉이 많이 없어도 지루함을 느끼지 않는다. 즉 누에가 고치에 있듯 집에 오래 머무르는 코쿠닝 Cocooning이 가능한 것이다. 그렇게 실내생활을 지속하다 일이 있으면 한집에 여러 대 있는 자가 차량을 이용하여 어딘가로 이동한다. 이것이 전형적 미국 교외의 걸음 없는 커뮤니티이며 역설적으로 매우 커뮤니티의 형성을 해친다. 이런 곳은 그야말로 안전을 위해 아무도 걷지 말라는 것이다. 병에 걸리지 않기 위해 밀폐된 멸균실에 자신을 가둔 것과 같은 이런 곳의 문제는 바늘구멍 하나로도 그 안전이 위협을 받는다는 것이다. 안전을 위해 더 조용한 곳으로 이동하고 잠재적 위험 요소인 낯선 이들이 걷지 못하게 만든 길은 결국 주민들조차도 걷기 힘들 정도로 너무 어둡고, 너무 조용하고, 그래서 보행자만이 오픈된 공간에 고립되는 위험한 공간이 된다.

이러한 안전의 역설은 제인 제이콥스의 지적과 같이 더 많은 사람들이 걸어 다니는 거리의 중요성을 일깨워준다. 어둡고 인적 드문 골목길에서 안전에 위협을 느끼면 사람들은 밝고, 사람들이 많은 큰길로 재빠르게 이동한다. 안전은 사람들이 많아 서로가 시선을 확보하고 서로서로 목격하는 그 순간 확보된다.

그리고 더 중요하게는 불안의 근본적 원인이 되곤 하는 '불확실성'을 제거하는 것이다. 울리히 벡은 현대사회의 불확실성을 '제조된 불확실성 Manufactured uncertainty'라 규정하며 인간 스스로가 결정해서 한 사회에 내재된 불확실성의 문제를 현대 사회와 인류의 위기의 근원이라 진단한다. 불확실성은 말 그대로 무슨 일이 벌어질지 잘 모르는 상황이다. 잘 모르는 사람, 잘 모르는 상황, 그리고 불확실하고 불안하다고 의미가 형성된 것들에 노출되는 상황, 마치 벼랑 끝에 서 있는 상황에서 우리는 불확실성을 느끼고, 그 공간을 안전하지 않다고 여긴다. 우리 공간의 불확실성은 그 공간이 자연스레 만들었다기보다는 울리히 벡의 말처럼 우리 스스로가 만든 것이다. 다르게 생긴 사람을 낯설다며 회피하고, 테러가 발생할지 모른다며 무장 경찰을 배치시켜 사람들에게 불안을 더 쉽게 감지하게 만듦으로써 우리는 일상의 공간에서 더 큰 불확실성을 느낀다. 쇼핑몰에 들어가는 데 금속탐지기를 지나야 한다면 사람들은 역설적으로 그 쇼핑몰에 대해 불안감을 느끼게 마련이다. 이것이 제조된 불확실성이다. 소통학 Communication Studies에서 주요 분야로 다뤄지는 것 중 하나가 바로 불확실성 관리 Uncertainty management이다. 소통은 불확실성이 야기한 문제에 대한 거의 유일하고 궁극적인 해법이기 때문이다.

현대의 도시는 이전보다 더 다양한 종류의 사람들이 모인다. 세계화와 함께 그 다양함의 범위는 국경을 넘기도 한다. 반면, 우리가 일상에서 문화를 소비하는 대표적인 창구인 미디어는 특정한 사람, 지역, 집단에 정해진 이미지를 부과해왔다. "머리를 푹 감싸는 깊은 후드티를 입고 춤추듯 흐느적 걷는 흑인 청년. 어느새 그 펑퍼짐한 옷자락에서 비집고 나오는 총. 그렇게 벌어지는 살인…" 이런 이미지로 미국 대도시의 흑인의 이미지가 각인된다. 매일같이 미디어에 오르내리는 중동발 테러 소식. 그리고 그 중동의 사람들을 상징하는 의상, 행동, 외양은 각인된다. 우리에겐 같은 민족이라고는 하지만, 억양도 옷차림도 행동양식도 다른 재중교포 '조선족'이 있다. 최근 한 영화에 대한 서울 대림동의 조선족들의 격렬한 항의에서 볼 수 있듯, 그렇게 우리는 미지의 낯선 사람들의 부정적 이미지를 부지불식간 소비해왔다. 그리고, 일상에 마주하게 되는 그들은, 어딘지 모르게 불안함을 주는 '불확실성'의 사람들이 되어왔다. 이런, 가상의 이미지로 형성된 불확실성과 위험을 해소하는 거의 유일한 방법은 그것이 위험하지 않다는 것을 직접 경험하는 것이다. 그 경험은 다양한 동선으로의 걸음에서 시작된다. 반복된 이미지에서 형성된 불확실성은 실질적인 안전 경험의 반복으로 극복된다. 걸음에는 불확실성을 제거하는 힘이 내재해 있다. 후드티에 묻혀 있는 사람과의 우연한 눈 맞춤. 그 사람도 내가 지나는 공간에 또 다른 일로 지나게 되는 일상을 채워가고 있음을 확인하는 작업은, 그 어떤 대대적인 안전 캠페인이나 위험 대비 시설에 보다 확실하고 직접적인 학습경험을 가져다준다. 위험해서 걷지 못하는 거리를 걸어서 위험을 해소한다는 다소 이상적인 이 해결책은, 우리가 낯선 이들과 소통을 할 때, 처음의 어색함과 탐색을 넘어 말은 꺼냄으로써 생각을 들어보고 상대를 이해하는 발화-소통의 기본적 원칙에 근거한다. 대중교통수단에 홀로 앉아 있는 낯선 외국인의 옆자리에 앉는 것이 문제의 해결책이 될 수 있는 것이다.

그렇다면, 그 '험지'로 여겨지는 곳에 무작정 나서라는 것은 아니다. 그 '걷기 좋음'의 조건은 앞에서 이야기한 대중교통의 연결성, 인접성, 상호인접성 등 물리적 조건 속에서 가능하기에 다시금 상호적이다. 제인 제이콥스 역시 그렇게 낯선 이들이 접촉함으로써 안전을 확보하는 거리의 조건의 예로 각종 가게와 공공시설 등 사람들이 이용할 만한 공간이 많아야 함을 지적한다. 사람들은 필요에 의해 그곳을 지나고, 지나는 사람들은 그 자체가 도시의 새로운 시각요소가 되어 흥미를 유발하고, 그 거리가 늘 평온하기를 원하는 가게 관계자들이 감시자 역할을 함으로써 거리의 안전은 자연스레 확보된다.

요즘 각 도시에서 종종 볼 수 있는 스케이트 파크라는 공간은 도시공간 소통과 일상의 불확실성을 이해하는 좋은 사례가 된다. 스케이트보드나 인라인스케이트를 더 다이내믹하게 탈 수 있도록 만들어 놓은 공간인 스케이트 파크는 미국 등 많은 나라에서 일종의 '혐오시설'이 되어왔다. 이렇게 된 이유는 이 스케이트 파크의 주 이용자가 젊은 남성이고, 이들의 행동양식, 만들어내는 소음이 대다수의 시민에게 거슬리기 때문이다. 게다가 시각적으로 환영받지 못하는 낙서가 일종의 심리적인 벽을 만들어

스케이트 파크가 도시 공간에서 섬처럼 분리되기 때문이다. 이렇게 특정 집단의 사람들만 한곳에 모이면 그 집단을 잘 이해하지 못하는 사람들에게 막연한 불안 요소를 제공하게 되고 낯선 것에 대한 공포를 불러일으킨다. 이러한 심리적인 벽에 의한 배척은 비단 스케이트 파크에서만 일어나는 것은 아니다. 등산하는 어르신들이 산에 올라가서 크게 트는 성인가요는 이에 익숙하지 않은 젊은 세대에게 폭력이 된다.

반면, 성, 세대, 계급 등이 다양하게 이용할 수 있는 공간이 서로 인접해 있으면, 서로의 행동양식을 자주 접하게 되고, 그렇게 이해를 해가면서 스스로의 행동을 다른 사람들의 행동과 어울릴 수 있도록 무언의 '협상'을 하게 된다. 이 협상 과정을 통해 그렇게 다양한 성, 세대, 계급 등이 어울릴 수 있는 공간은 특정 집단이 전유하고 있는 공간에 비해 상호 이해도와 접근성이 높아짐으로써 안전이 확보된다.

프라하 메트로놈파크

걸음의 조건 3. 즐거운 길

우리 일상에서 '안전'이라는 말은 왠지 '지루함'과 연결되는 경향이 있다. 어릴 적 '안전하게'라는 잔소리가 행동의 규제를 의미했기 때문일 수도 있고, 안전 - 치안 - 공권력으로 연결되는 고리에서 느껴지는 독재시대 통제의 느낌 때문일 수도 있다. 하지만 도시공간에서의 안전은 더 많은 사람들이 공간을 공유하고 눈을 마주하면서 확보되는 즐거움이다. 하지만, 관계와 교류에서 즐거움이 있더라도, 심미성이 갖춰지지 않은 공간은 사람을 불편하게 한다.

미추는 한시적이고 개별적이어서 일반화된 결론을 끌어내기 어렵다. 개인의 취향은 다양하고 인간은 변한다. 따라서 이 다양한 취향과 변덕을 반영하는 '다양성'이 도시공간 즐거움의 최소 조건이 된다. 우리가 자동차로 가득 찬 아파트 단지를 걸을 때 특별히 즐거움을 겪기 힘든 것은 그 시각적 획일성 때문이다. 반면, 같은 아파트 단지라도, 지상에 주차장을 없애고 공원으로 만든 곳을 보면서 조금은 즐거움을 느낄 수 있는 것은 자연의 청량감과 더불어 시각적 변화 때문이다. 이러한 아파트 단지에서는 계절과 날씨의 변화를 시각적으로 느낄 수 있어서 지루함이 덜하다.

한국의 거리에 부정적 시선을 보내는 많은 평론이 공통으로 지적하는 것은 획일적으로 건축된 구조물과 그곳을 뒤덮은 다양하지 않은 간판이다. 한국은 대기업 브랜드에서 만든 식당과 놀이시설에 가고, 그들이 만든 제품을 쓰고, 그들의 유통망에서 상품을 구매하고, 그 브랜드 아파트에 거주하는 것이 가능한 사회이다. 다양한 성격의 시설이 공존함에도 불구하고 그 시각적 획일성은 우리를 피곤하게 만든다. 여행의 즐거움 중 하나는 우리가 일상에서 접하지 않은 새로운 시각적 자극이다. 미국의 여느 도시에 띄엄띄엄 놓여 있는 프랜차이즈들로 가득한 비슷한 쇼핑 플라자는 그래서 시각적 즐거움의 대상이 되지 않는다.

시각적 변화와 즐거움은 대단히 새로운 구조물에 의해서 보장되는 것은 아니다. 오히려 우리 도시에 이미 존재하는 사람, 물건, 공간 자체가 시각적 변화의 주체가 된다. 공간에 드나드는 사람이 다양해지면 그 자체로 재미를 준다. 고만고만한 가게가 나름의 캐릭터를 가진다면 그 거리는 산만해도 끊임없이 볼거리를 제공한다. 가게 창문 너머로 보이는 모습은 지나가는 사람의 호기심을 자극하고, 그 앞 창틀에 놓인 작은 화분은 계절에 맞는 꽃을 피우며 예기치 않은 즐거움을 준다.

대형 유통 체인에서는 볼 수 없는 작은 꽃집이 만드는 다양성

유럽의 대부분 도시에서 흔하게 볼 수 있는 것이 집 창들의 때론 조그맣고 때론 화려하게 진열한 화분이다. 물론 개인의 취미로, 개인 집단장의 일부인 사적인 행위이지만, 이것을 길가 창가에 진열한다는 것은 그 자체로 공적인 것이고, 공공 공간을 걷는 사람들을 즐겁게 해 주겠다는 목적이 뚜렷한 행위인 것이다. 여러 가지 상품을 파는 가게에서 오로지 매출 증대라는 일념으로 길가에 어지럽게 써놓고 진열한 세일 상품들은 행인들을 즐겁게 해주기보다는 번거롭게 한다. 그리고 이러한 거리의 아이템들은 소통의 도구라기보다는 일방적인 상업행위이다. 반면, 판매용도 아닌 테이블 위의 꽃병 하나와 멋들어진 글씨로 만든 홍보물 하나는, 길을 공유하는 행인들을 즐겁게 함과 동시에 구매도 자극하는 일석이조의 양방향 소통이 된다. '사유재산권'이 지상 최고의 가치처럼 언급되며, 내가 내 집에서 내 돈 벌겠다는데 뭐가 문제냐는 의식으로 구매를 강요하는 일 방향 소통보다는, 나의 사적인 이익이 공간을 공유하는 이들에게도 즐거움을 줄 수 있는 방향으로 고민하는 그 과정 자체가 소통이기도 하다.

산업화가 만들어낸 대량생산은 똑같이 복제된 상품만 무수하게 만든 것이 아니다. 우리의 도시공간도 신도시나 여타 도시의 대부분 공간이 그렇듯, 복제되듯 만들어졌다. 벤야민이 20세기 전반, 대량생산과 대량소비 그래서 형성된 대량 복제된 문화상품을 접하면서 예술에서 사라져가는 고유의 아우라를 논했듯이 공간의 대량생산에 따라 사람들이 자기 스스로와 역사성을 담아 만든 독특하고 고유한 공간은 찾아보기가 어려워진다. 대기업 소유로 들어간 토지, 그들의 비슷한 욕망이 만들어낸 상업 및 주거 공간의 대량 생산은 효율성과 상품성으로 포장되어 어디를 가든 비슷한 공간을 만들어낸다. 이런 공간은 앞에서 이야기한 것과 같이 상업 미디어의 비슷비슷한 예능 프로그램과 같이, 그 안 개인의 예술적 혼은 더 이상 찾아볼 수 없는 반복된 자극의 코드가 된다. 그렇게 반복된 자극은 대중을 이내 지루하게 한다. 그래서 걷고 싶음의 조건으로서 즐거움을 이야기할 때 다양성은 처음이자 가장 중요한 요소이다. 그리고 다양성은 개인이 개성을 공공적으로 공유하는 행위에서 확보된다. 더 많은 사람이 길을 지나고, 더 많은 집이 창을 꾸미고, 더 많은 가게가 자기를 즐겁게 하는 물건들로 길을 채우는 것은 프레스에서 찍어져 나온 주물 같은 길이 아닌 하나하나가 다른 캐릭터를 갖는 미술관의 그림 같은 길을 만드는 방법이다.

│ 걸음의 조건 4. 제멋대로의 길 │

지루한 길은 꼭 아무것도 없는 길이 아니다. 제아무리 흥미진진한 것이 넘치는 길이라도 매일 똑같은 시간 똑같은 방향으로 길을 걷는 것은 보행자를 무덤덤하게 만든다. 따라서 동선의 다양성은 걷고 싶은 길을 위한 또 하나의 조건이 된다. 달리 말하면 매일 가야 하는 지하철역까지의 거리도 그때그때 다른 골목, 다른 방향으로 통과해 감으로써 일상의 길이 지루하거나 무덤덤해지지 않도록 하는 조건이다. 현실적으로 이러한 다양한 동선의 조합은 기존 도시 구획 양식에 영향을 받을 수밖에 없다. 아무리 다양한 조합을 만들려 해도, 이동 거리의 차이가 너무 많이 난다면 선택지에 들어갈 수 없기 때문이다. 뒤에서 소개할 브르노의 베베지 구역 같은 경우 전형적인 다양한 동선 조합이 가능한 구역이라 할 수 있는데, 비교적 반듯하며 규모가 크지 않은 사각형으르 한 개의 블록이 형성되어 있다 보니 여러 가지 조합을 달리하더라도 한 지점에서 다른 지점으로의 거리에 큰 차이가 나지 않는다.

조금 더 이해하기 쉽도록 한국의 예를 들면, 홍대 앞, 인사동, 가로수길 등 작은 상가들이 밀집한 유흥가를 떠올리면 된다. 이러한 구역은 여러 개의 거리가 서로 교차하고 있어서 여러 가지 조합이 가능하고, 어떤 조합을 선택하느냐에 따라 거리의 성격이 차이가 나면서도 나름 즐거움이 있는 동선을 형성한다. 그리고 한국의 신도시 구획 역시 이해를 도울 수 있다. 90년대 집중적으로 건설된 '마을' 이름이 붙은 신도시 단지들은 그 단지의 큰 둘레에 담을 쳐서 거대한 블록을 만들어 놓았지만, 최근에 지어진 주상복합 건물은 단일 동이 하나의 단지의 구실을 해서 중간중간 통로를 열어 놓은 단독 건물의 열주 형식을 하고 있다. 이러한 구역은 어떤 건물 사이를 지나느냐에 따라 다른 동선이 형성되지만 총 이동거리에는 큰 차이가 없다. 보행자들은 비슷한 모양의 빌딩 숲의 지루함을 그나마 달랠 수 있는 변주를 만들어간다.

 매일 똑같이 걸어서 지루해지는 것과 더불어 일상의 걸음에서 우리를 지치게 하는 것은 불필요하게 멀리 돌아가야 하는 상황이다. 딱히 차를 타고 가기에도 애매하거나 불편하고, 걸어가려니 필요 이상으로 돌아가야 하는 상황은 그 거리의 길고 짧음의 문제라기보다는, 아주 상황 심리적인 '귀찮음'과 효율의 문제인 경우가 많다. 그리고 그 귀찮음 앞에 우리는 한없이 나약해져 이내 그곳으로의 걸음을 취소한다.

 이렇게 걸음을 포기하게 만드는 장벽은 도시 곳곳에 있다. 대형 마트, 아웃렛, 백화점은 사람을 그 안으로 끌어들일 뿐 도시의 걸음이 부드럽게 흐르게 유도하지 않는다. 도심에 있는 중앙역은 그 역의 반대편과 반대편을 극단적으로 분할하는 경우가 많다. 고가도로 아래나 육교 위를 지나게 만드는 것도 도보 친화적이지 않다. 높게 솟은 마천루는 도시 어디에서나 시선을 끌지만 걸음을 이끌어내지는 않는다.

 유럽 대륙의 대부분 도시는 건물이 옆으로 맞대고 하나의 벽을 형성해서 사각 혹은 삼각으로 폐쇄적인 블록을 만들어낸다. 그리고 하늘로는 열린 공간을 형성한다. 이렇게 가운데에 형성된 빈 공간은 흔히 '중정(안뜰) Courtyard'이라 부르는 공유 공간이 되어 작은 공동체를 만들곤 한다. 법원이라는 뜻을 가진 단어 'Court'도 이러한 폐쇄적인 공간 구조에서 유래한다.

문제는 그 밖에서 이 블록을 지날 때인데, 블록이 종종 길게 뻗어있어 그 옆길로 이동을 하려면 한참을 걸어 블록의 끝에서 돌아야 한다. 따라서, 동선이 매우 다채롭게 엮인 동네는 개별 블록의 길이가 대체로 짧다. 하지만, 종종 블록의 길이가 매우 긴 지역이 있는데, 이러한 곳에는 어김없이 그 길게 이어진 건물들로 가로막힌 옆길로 이동하는 통로가 마련되어있다. 그리고 이 통로는 공공시설인 경우들이 있다.

마사릭대 사회과학대의 중정

뒤에서 설명할 베베지 동쪽 구역은 루잔끼 공원과 연결되어 있어 옆 동네와 자연스러운 동선을 형성한다. 하지만, 그 공원 아래쪽에 트램이 다니는 리디츠카 길을 따라 상업시설과 주거 건물이 200m 이상 촘촘하게 붙어있어 이 트램길 옆 건물들은 거대한 장벽처럼 옆 블록으로 이동을 가로막는다. 하지만, 그 길의 중간쯤에 위치하고 있는 브르노 시립극장의 야외 공간은 복합 문화 공간으로 열려있고, 자연스레 뒤편의 경찰서 주차장으로 연결된다. 이 주차장을 통과하면 멋진 가로수 길과 여러 카페와 레스토랑이 자리 잡고 있는 까피따나 야로셔 길로 이어진다. 그리고 이 길은 다시 북으로 루잔끼 공원과 연결되어 베베지 구와 쩨르나 뽈레 구의 연결점 역할을 한다. 만약 이 중간 통로 역할을 하는 브르노 시립극장이 없었더라면 트램길 중간에서 옆 블록 가로수 길로 가려면 3-400m 이상 걸어야 하는 아예 다른 동네가 되었을 것이다. 체코에서는 이런 길을 빠사즈(영어의 'Passage'에 해당하는 단어로 통로라는 의미)라 부르는데, 프라하나 브르노 등 중심 도시들에 가면 흔히 볼 수 있다.

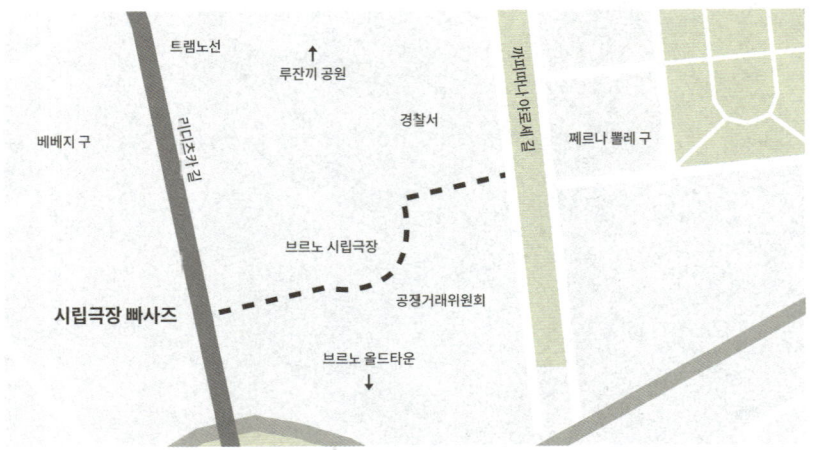

브르노 시립극장의 빠사즈

옛모습이 사라진 피맛길

빠사즈는 이동을 편하게 할 뿐만 아니라 갑작스러운 비나 추운 날씨를 피할 수 있는 공간으로도 애용되는 그야말로 다목적 보행 편의 시설인 셈이다. 이런 빠사즈들은 주로 관공서, 병원, 도서관 등 공공시설들과 상업지역에 마련되어있다. 그리고 프라하의 경우 구시가지 곳곳이 이런 빠사즈들로 가득한데, 대부분 다양한 상점들이 빠사즈 내부나 전후로 밀집되어있다. 공공시설이나 상업시설이나 나름의 이유로 사람들을 다양한 방향에서 접근케 한다. 이는 마치 링형 네트워크를 가진 도시 공간에 링크를 추가하여 그물형 네트워크로 변화시켜 나가는 것과 같은 통쾌함과 효율을 줄 수 있다.

프라하 도심의 빠사즈

길은 사람들의 자연스러운 이동이 만든다고 하지만, 토지가 사유화된 현대 도시에 적용하기에는 거리가 있는 말이기도 하다. 한국의 경우 유럽과 같이 여러 건물이 집합하여 중정을 형성하는 건축이 일반적이지는 않고, 점점 더 많은 대형 건물들이 도시 곳곳에 들어서면서 사람들이 한 지점에서 한 지점으로 도보로 이동하는 게 불편해지는 모습을 종종 볼 수 있다.

서울 종로에는 지금은 명맥만 유지하는 조선 시대부터 형성된 피맛골이 있다. 양반들의 말을 피하고자 만들었다고 하는 피맛골은 어깨가 부딪힐 정도로 좁고 복잡했지만 자연스럽게 주막이나 음식점들이 이어져 있어 친서민적이고 걷기 좋은 길이었다. 피맛골은 그 골목길의 다양성 즉 '그 멋대로'에 핵심이 있다. 사람에 따라 시간에 따라 변주가 가능했던 것이다. 그런 길이 지금은 큰 빌딩으로 대치되었다. 많은 링크와 노드가 사라져버린 공간은 걷기 힘든 공간으로 바뀌었다.

앞서 이야기한 바와 같이 공공 공간 성립에는 다채로운 접근이 용이해야 한다는 조건이 따른다. 최근 우리의 도시 모습은, 여러 사람이 모이는 사유 공간인 대형 쇼핑몰이나 큰 빌딩으로 집결하는 접근권은 좋아지지만, 우리 일상의 공간이 다양한 동선으로 연결되는 종류의 접근권은 점점 악화한다. 브르노 도시 곳곳에서 발견할 수 있는 공공시설이 제공하는 빠사즈는 동네와 도시의 공간을 고민할 때 참고할 만한 과제가 된다.

| 걸음의 조건 5. 자동차와 함께 걷는 길 |

이렇게 공간적 인접성과 걷고 싶게 만드는 물리적 요소를 갖추고 있더라도 자동차들이 빠르게 지나가는 거리는 아무래도 걸을 맛이 나지 않는다. 소음과 매연뿐만 아니라, 무엇보다도 본능적으로 안전하지 않다고 느끼기 때문이다. 걷기 가장 좋은 길은 물론 자동차 없는 길이다. 도시마다 곳곳에 자동차를 완전히 통제하는 길을 마련하거나, 종종 이벤트와 같이 차량 통행을 제한하여 걷는 도시를 시도한다. 하지만, 바쁜 도시에서 사람들의 필요는 다양하고 기본적인 기능 유지를 위해서라도 마냥 차량 통제를 할 수도 없는 것이 현실이다. 우리는 차량과 보행자가 공존 가능한 방법에 대해 고민을 할 수밖에 없다. 교통 환경과 보행자의 관계에 관해서는 도시공학과 도시계획에서 많이 논의되었다. 우리나라의 경우 보도 설치, 가로등 설치, 녹색 신호 길이 확보 등으로 보행자 안전을 확보하려 하지만 이는 소극적인 접근이다.

여러 가지 전문적 요소들이 고려되어야 하는 교통 환경에 대한 자세한 논의보다는, 유럽에서 발견할 수 있는 보행자 친화적인 교통 환경에 대한 이야기로 걸음의 조건을 마무리해 보자. 도시의 크기나 기능적인 면에서 전형적인 중유럽의 지역 중심도시인 브르노에서 노면 전차인 트램은 중추적인 교통망을 이루고 있다. 트램과 더불어 전기선에 연결된 트롤리 버스가 시내 주요 구간을 잇고 있고, 전기선이 설치되지 않은 외곽지역으로는 일반 버스가 운행되고 있다. 워낙에 구석구석 연결되는 시내 대중교통과 더불어 도시 간을 연결하는 철도교통이 잘 발달하고 저렴한 요금으로 제공되기 때문에 자가 차량의 필요가 큰 도시는 아니다.

브르노의 대중교통 이용료는 15분 이용 1회 권을 기준으로 하면 약 1000원으로 우리나라에 비하여 크게 저렴한 편은 아니다. 하지만, 년 23만 원

정도인 연간권 등 정기권의 경우 가격이 저렴하게 책정되어있다. 이는 대중교통을 일상화하는 데 한몫을 한다. 프라하는 넉넉한 시 재정 덕분에 정기권에 대한 할인 혜택을 더 제공하고 있어 연간권의 경우 3650꼬루나(약 18만 원), 즉 하루 10꼬루나(500원)면 프라하 시내 모든 대중교통을 자유롭게 이용할 수 있다. 그리고 이 정기권의 가격은 점점 저렴해지고 있다.

하지만 최근 교외의 개발과 대형 쇼핑센터의 증가 등 전형적 도시 확장과 더불어, 소득의 증가, 다양한 자동차 대출 등 금융상품의 증가로 자가 소유 차량이 급증하고 있다. 그럼에도 불구하고 브르노 시내에서 일반 차량에 대한 대접은 후하지 않다. 최근 개정된 시내 주차제도로, 거주민 이외의 차량은 주차에 상당한 불편을 겪어야 한다. 또한 여느 유럽의 도시와 비슷하게 구시가 차량 통과는 특별한 허가 없이 불가하다. 트램, 버스, 자전거 등과 공유하는 길에서 속도는 엄격히 통제되고 있다.

유럽에서 규모가 되는 여느 도시와 마찬가지로 브르노에서 가장 우선이 되는 교통수단은 트램이다. 트램은 보행자보다도 우선이 되는데, 이는 트램의 갑작스러운 제동이 더 위험한 상황을 만들 수 있기 때문에 만들어진 규칙이다. 모든 트램은 다른 경고음과 확연히 구분되는 독특한 '따르르릉' 하는 경고음을 통해서 출발을 알리고 앞을 막고 있는 차량이나 보행자들에게 경고를 보내 앞길을 연다. 그렇게 트램은 가장 정확한 배차시간을 유지하면서 중추 대중교통수단으로 운영된다. 그다음이 사람이다. 신호등이 따로 있지 않은 한 모든 횡단보도와 이조차 없는 구간에서는 트램을 제외하고는 무조건 보행자 우선이 지켜진다. 육중한 트롤리 버스도 건널목 앞 사람들이 건널 의사를 보이면 정지한다.

그다음은 트롤리 버스를 비롯한 노선버스인데, 버스는 정류장 정차하거나 정차 후 출발할 때 일반 차량보다 우선한다는 점을 명확히 하고 있다. 일반 차량들은 갑작스레 차선을 변경하는 버스에 대해 늘 대비한다. 이 암

묵적인 규칙은 보행자와 대중교통 이용자라는 공공성 보장을 위한 장치일 뿐 아니라, 도시에서 교통과 보행의 흐름이 물 흐르듯 이어질 수 있도록 하는 효과도 준다.

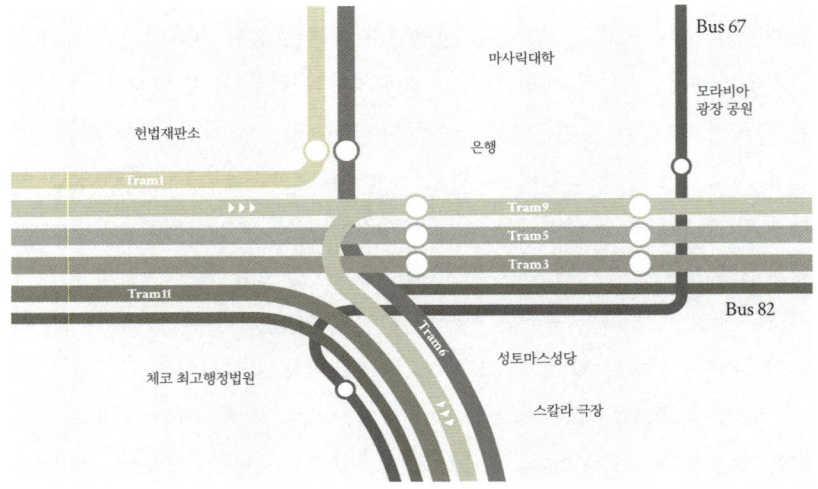

모라비아 광장 주변 대중교통 노선도

이러한 흐름을 극적으로 보여주고 있는 곳이 브르노에서 가장 분주한 지역 중의 하나인 구시가와 베베지 구역의 경계가 되는 모라비아 광장 주변이다. 과거 구 도심의 성곽 경계에 해당하는 이 길에는 구시가를 관통하는 두 트램 노선과 외곽에서 진입하고 나가는 네 가지 트램 노선이 교차하며, 두 개의 정기 버스 노선이 있고, 일반 차량의 통과가 허용되는 곳이다. 즉 일종의 시내 중심 교차로이자 구시가의 관문인 셈이다. 주변으로 오래된 성당과 체코 행정 대법원 헌법재판소 금융기관 국립대학교 등이 자리잡고 있어 브르노에서 보행자가 가장 많은 곳이기도 하다. 이러한 비대칭형 사거리 중 오직 두 곳에만 신호등 없이 건널목이 놓여 있고, 나머지 두 길은 건널목 없이 트램, 차량, 보행자가 공유한다. 따라서 사람을 비롯한 모든 이동 수단이 아무런 교통통제 장치 없이 통과하는 바쁜 교차로이다.

이 교차로는 자동차를 비롯한 교통수단과 보행자가 공간을 어떻게 공유하는지 압축적으로 보여준다. 이 교차로는 다음과 같이 작동한다.

> 첫째, 모든 교통수단은 느리게 진행한다.
> 둘째, 각 교통수단의 우선순위는 철저히 지켜진다.
> 셋째, 보행자와 자전거, 자동차 운전자는 트램과 버스 등 정기노선의 진행 방향을 숙지하고 있다.
> 넷째, 교통기관의 운전자 보행자 등 길 위의 모든 사람은 자주 눈을 마주하며 상대의 의도를 파악한다.

트램의 최대 속도는 보통 70km/h라고 한다. 하지만 브르노에서 그 비슷한 수준의 속도가 나는 곳은 몇 구간 되지 않는다. 시 외곽 직선 철로 위에서 잠깐 빠르게 달릴 뿐이다. 시내에서 트램은 보통 20km/h 내외를 유지한다. 정류장 간격도 좁고 코너도 많다 보니 자연스레 속도가 낮아진다. 트램과 전선을 공유하는 트롤리 버스의 속도도 크게 다르지 않다. 일반 차량의 속도는 시내 전 구간에서 고지식하리만큼 잘 지켜진다. 유럽 대부분 도시에서 도시나 마을을 지날 때 자동차는 50km/h를 넘길 수 없다. 특히 구시가지 주변으로는 30-50km/h를 유지한다. 교통기관의 저속 주행은 다른 모든 조건에 우선한다. 빠르게 운행하다 보면 여타의 규칙을 무시하기 쉬우며, 다른 운전자는 물론 보행자의 표정과 의도를 살필 여유가 사라진다. 앞서 설명한 것과 같은 교통기관의 우선순위는 그것이 잘 지켜짐과 동시에 교통의 흐름을 느리게 하는 효과가 있다. 느리게 주행하는 트램이 가장 우선순위의 교통기관이기 때문이다.

이렇게 느리게 다가오는 트램을 보면서 보행하는 사람들은 번호를 확인하고 트램의 진행 방향에 맞춰서 길을 건너거나 기다린다. 세 방향에서 오가는 트램이 늘 운행하고 있는 길이기 때문에 이들이 어느 방향에서 들어오고 나가는지를 알면 트램의 흐름에 맞춰 보행의 흐름을 맞출 수 있다. 이곳에서 종종 당황하는 관광객 등 외지인을 볼 수 있다. 트램의 속도와 방향을 숙지하고 있으면 아무리 가까이서 다가오는 트램이 있더라도 다른 방향으로 손쉽게 길을 건너갈 수 있지만, 이곳이 낯선 방문객에게는 꽤 곤란할 수 있다. 혹자들은 관광객을 위해 신호등과 같은 교통 편의 시설을 설치하는 것이 낫다고 생각할 수 있다. 하지만 이 교차로를 가장 많이 이용하고, 이 교차로에서의 소통의 맥락을 형성하는 사람들은 외부 방문자가 아닌 동네 주민이다. 만약 신호등과 강제적 규칙이 적용되면 모두의 안전을 확보할 수 있지만, 교통과 보행의 흐름이 끊기고, 기다림의 시간이 길어져 이 교차로는 하나의 흐름으로 연결된 길이 아니라 한 지역과 다른 지역을 가르는 경계의 공간이 된다. 그렇게 작은 형성된 경계는 도시공간에서의 소통에 균열을 만들어낸다.

트램이 있는 풍경, 프라하 스트로스마예로보 광장

신호등과 교통경찰 하나 없이, 그리고 금지와 정지의 규칙 없이 이 복잡한 교차로의 물 흐르는 듯한 교통과 보행의 흐름은 운전자와 보행자 간의 눈짓 소통으로 완성된다. 트램 운전기사와 보도에서 자신이 건너갈 타이밍을 찾고 있는 보행자와 반대편에서 다가오는 운전자는 천천히 이동하는 흐름 속에서 서로의 표정과 눈빛 등 우리가 일상에서 배워온 의사소통의 맥락에 근거하여 상대방의 의도를 파악한다. 만약 그중 어느 한 명이 무언가 일반적이지 않은 움직임이나 의도를 보일 때 다른 이들은 사고에 대처하기 위한 준비를 하게 된다. 관광객이나 휴대전화에 몰입한 보행자 때문에 간혹 이렇게 약간의 불규칙 리듬이 발생하지만 이내 교차로는 빠르게 원래의 흐름을 되찾고 일상으로 돌아간다. 마치 냇물에 돌 하나를 던져 작은 파문이 일어 약간의 흐름이 바뀐 후 이내 정상화되는 것과 같은 과정이다.

그런데 이러한 도로에서의 눈짓 소통을 한국에서 적용하는 데는 한 가지 문제가 있다. 차량의 창 안쪽을 짙게 가리고 있는 선팅(틴팅)이다. 한국에서 일반화된 이 선팅은 보행자와 운전자는 물론 운전자 간의 눈짓 소통을 원천봉쇄한다. 한국의 경우 우회전 차량에 대한 신호도 마련되어있지 않은데, 이러한 경우 길을 건너려 교차로에 서 있을 때 빠르게 우회전하는 차량과 아무런 소통을 할 수 없다. 달리 말하면, 교차로의 자연스럽고 안전한 흐름의 조건인 교통 기관의 느린 이동도, 서로 누가 먼저 갈 건지에 대한 사회적 약속도, 다가오는 차량과 걷고자 하는 보행자 간의 소통 그 어느 것도 지켜지지 않고 있는 상황이다. 심지어 한국에서는 야간 운행이나 소통에 위협이 되는 윈드 실드(앞 유리)와 운전석 조수석의 틴팅도 점차 짙어지고 있다. 이는 '자기 자동차 안'이라는 사적인 공간에 대한 보호라는 항변을 할 수도 있겠지만 철저히 이기적이고 반 공공적인 행위이다. 체코를 비롯하여 유럽 대부분의 나라에서 앞 좌석 양옆 유리와 윈드 실드의 틴팅은 철저히 규제되고 있다. 사실 새로이 틴팅을 하려 해도 취급하는 곳을 찾기조차 힘들다. 거리에서의 소통과 안전을 위해서라면 조금 강한 햇빛이나 불편한 시선 정도는 감수할 필요가 있는 것이다. 규칙이 가져다주는 혜택과 불편함이 상호적이어서 상쇄적이라면 지키는 편이 낫다. 모두가 지키면 아무도 불편하지 않다.

마찬가지로, 유럽에서는 교차로에서의 우회전 신호가 흔하다. 특히 보행자 건널목 주변의 교차로에는 필수적으로 설치되어있다. 반면, 좌회전의 경우 신호에 의한 이동보다는 비보호 좌회전이 훨씬 일반화되어있다. 한국의 경우 좌회전은 대체로 신호에 의존하고 우회전은 거의 비보호로 운영되고 있다. 우회전 신호는 우회전하려는 차량 운전자와 그 너머 오른쪽의 보행자가 시선을 나눌 수 없기 때문에 마련된다. 소통이 물리적으로 불가능한 상황에서 안전을 보장하는 장치로 신호가 도입된 것이다. 반면 좌회전의 경우 자동차나 보행자가 서로 상대의 의도를 파악할 수 있다. 거리 때문에 표정까지는 못 보더라도 진행의 의도를 파악하는 것은 어렵지 않다. 그리고 우회전과는 달리 좌회전의 경우 거리도 충분히 떨어져 있어서 돌발 상황 시 서로가 사고를 피할 여유가 있다. 한국에서 좌회전 신호와 우회전 비보호는 교통체증을 줄이기 위한 고육책이라 할 수 있겠지만, 그 고육책은 철저히 차를 위한 고민에 근거한다. 이제 고민과 관심을 다가오는 차량과 소통하지 못해 시종일관 긴장하고 있는 보행자들에게 보내야 한다.

마지막으로 교통기관과 보행자가 일정의 흐름을 갖고 서로 소통하며 공존하는 길에 대한 이야기를 마무리하기 전에 트램이라는 오래되고, 둔탁하며, 세련되지 않은 교통기관의 '부작용'이 가져다주는 뜻밖의 공공 소통의 면모를 소개한다. 트램은 노면 설비로 이루어져 있어 여러 가지 기상상황에도 노출되어있고, 다른 교통기관 간 시설을 공유하다 보니 노면 고장이 잦다. 그러다 보니 크고 작은 수리와 공사가 끊임없이 진행되고 그럴 때면 노선 중간중간 정류장이 바뀌거나 버스 등으로 노선이 대체되기도 한다. 그러다 보니 사람들은 정류장 주변 안내문을 자세히 읽는다. 그리고 구별로 발행되는 소식지, 웹과 앱 등을 통해 공공정보를 자주 확인하게 된다. 처음 겪고 말이 서투른 이들에게는 꽤 불편한 이 행위가 이들에게는 꽤 일상적으로 받아들여진다. 그런데, 이런 안내를 보다 보면, 왜 공사를 하는지, 뭐가 새로 들어서는지, 그래서 시 당국의 계획이 무엇인지 등의 부가정보를 얻게 된다. 사람들은 잠깐의 불편한 일상 속에서 자신이 살아가고 있는 지역공동체의 모습을 이해할 수 있는 작은 기회를 얻는다. 기본적으로 멀지 않은 출퇴근 거리, 바쁘지 않은 일상 등 한국에서의 대도시 일상과는 많이 다른 지역 맥락에서 가능한, 불편과 소통의 의외의 상승효과인 것이다. 그래도 불편한 건 불편한 것이라 트램과 노면의 내구성이 보장되는 것은 중요하다. 우리나라의 지방자치단체에서도 트램 도입을 검토하는 곳들이 있기에 도입 전에 신중한 검토가 필요할 것이다.

프라하 Henry's Tower(Jindřišská)

3장 | 체코, 브르노 돌아보기

| 체코 |

체코는 다음 지도에서 보는 바와 같이 독일, 폴란드, 슬로바키아, 오스트리아, 네 개의 나라와 국경이 접해있고 바다와는 접하지 않은 중유럽의 내륙국가다.

중부유럽 체코의 주변국

2차 세계대전 종전 후 소련의 위성국가가 되어 공산주의 체제 아래에 있었으나 1989년 비폭력 혁명인 벨벳혁명을 거쳐 민주화되었다. 1992년까지는 국호가 체코슬로바키아였으나 1993년 슬로바키아와 분리, 현재의 이름을 유지하고 있다. 체코슬로바키아는 1918년 오스트리아-헝가리 제국으로부터 독립하였고 2018년이 독립 100주년이라 체코와 슬로바키아에서 기념행사를 크게 하였다. 1999년 NATO에 가입하였고, 2004년 유럽연합EU의 정회원이 되었다. 국토 면적은 총 78,866km²으로 남한 100,210km²보다 작다. 인구는 1060만 명 정도로 많지 않지만 체코어를 사용하고 유로화가 아닌 코루나CZK라는 독자 통화를 사용한다.

중부유럽 체코의 주변국

체코는 프라하를 중심으로 하는 서쪽의 보헤미아 지역과 동쪽의 모라비아, 그리고 동북쪽 폴란드 국경 주변에 흔적을 남기고 있는 실레지아 지역으로 구성되어있다. 전통적으로 중유럽 주요 왕국 중 하나인 보헤미아 지역이 가장 큰 면적을 가지고 있고 인구도 가장 많다. 체코의 국호도 보헤미아의 체코어 표기인 체히Čechy에서 유래되었다.

보헤미아 다음의 면적과 인구를 가진 곳이 모라비아이다. 모라비아 강이 지나는 지역으로 한때 체코와 슬로바키아, 독일, 폴란드, 크로아티아에 걸쳐 그 세력을 떨쳤던 대 모라비아의 중심지였다.

실레지아는 체코 동북부 산간지대에 위치하고 폴란드와 국경을 대고 있으며 독자적인 언어인 실레지아어를 쓰는 곳도 있다. 실레지아 지역의 대부분은 폴란드에 속해 있다. 역사적으로 실레지아의 중심지는 폴란드의 브로츠와프이다.

이러한 지역 구분은 문화와 역사에 따른 것으로 실제 행정 구분과는 차이가 있다. 실제 행정구역은 14개 주로 나누어져 있고, 어떤 행정구역에는 보헤미아와 모라비아가 같이 속해있기도 하고 모라비아와 실레지아가 같이 속한 행정구역도 있다.

이러한 역사 문화적 지역 구분은 실제 지역민에게 각인되어 있고 방언, 식생활 등 문화적 차이 또한 발견할 수 있다. 특히 이러한 주민들의 지역 구분 감정은 상대적으로 많은 면적과 인구를 차지하는 보헤미아보다는 모라비아에서 더 강하고, 모라비아보다는 실레지아에서 더 강하게 느껴진다.

| 브르노 |

브르노는 체코에서 두 번째로 큰 도시이며, 모라비아 지역 최대 도시이다. 현재는 남모라비아주의 주도이며 정치문화의 중심지이다. 약 서기 1,000년에 도시의 형태를 갖추기 시작하여 천년이 넘는 역사를 가지고 있다. 브르노는 체코 사법의 중심지이다. 헌법재판소, 대법원, 최고 행정 법원 및 최고 검찰청이 브르노에 있다. 또한 옴부즈맨Ombudsman, 공정거래위(경쟁 보호국) 등의 관련 기관 소재지이다.

브르노의 헌법재판소

브르노 다운타운 지도. gotobrno.cz

 또한 브르노는 대학생 약 90,000명이 재학하는 교육도시이기도 하다. 인구 40만의 도시, 광역으로 쳤을 때 약 80만의 인구가 있는 곳에 대학생이 90,000명 정도이니 방학이냐 아니냐에 시내의 분위기가 확 달라질 정도이다.
 위는 브르노 중심지, 올드타운과 그 주변의 지도이다. 갈색으로 표현된 타원형으로 형성된 부분이 올드 타운이다. 브르노 올드 타운 지역은 동서로 약 800미터 남북으로 약 1,000미터 남짓 되는 지역으로 걸어서도 십 분내로 어디든 갈 수 있다. 이 올드타운 안에 시청, 우체국 등 관공서가 밀집해 있고 상업지역이 발달했다. 또 1,000년 넘는 역사를 가진 부르노의 다양한 흔적이 올드 타운 곳곳에 남아 있다. 브르노는 체코 수도인 프라하와는 약 200km, 오스트리아 수도 빈Wien과는 약 120km 떨어져 있는 것을 보아도 알 수 있듯 예로부터 프라하보다는 빈의 영향권에 있는 도시다. 따라서 독일어권의 영향도 많이 받았고 현재는 잘 쓰이지 않지만 이 브륀Brünn이라는 독일식 이름도 가지고 있다.

브르노는 도시가 형성되던 10세기 초기 대 모라비아 제국의 중심 도시로서 잠시 역사의 중심에 있었던 이후로 정치적 중심이라기보다는 빈, 프라하 등 주변 대도시의 영향 아래에서 지역 중심도시의 역할을 해왔다. 남북으로 지중해와 북해를 연결하고 동서로 부다페스트와 베를린-함부르크를 잇는 지리적 조건 덕분에 서유럽에 비해 뒤늦게 시작한 중유럽 산업혁명의 물결을 주도했다. 산업혁명 초기 섬유산업의 급속한 발전으로 모라비아의 맨체스터란 별칭도 얻기도 하였다. 20세기에 들어 기계공업의 중심으로 발돋움하여, 두 차례의 전쟁 통에 자동소총 등 각종 무기 생산으로 명성을 얻었다. 세계 2차대전의 유명한 브렌Bren 경기관총이 브르노의 이름을 따서 지어졌다. 하지만, 이러한 무기 생산 능력 때문에 2차 대전 당시 여러 차례 폭격을 당하기도 했다. 동유럽 소비에트 블록의 일원이던 시절에는 구 공산권 거의 모든 나라의 농기계를 책임질 만큼 기계 생산 능력을 꾸준히 유지했다. 덕분에 1960년 체 게바라가 쿠바 국립 은행 총재의 자격으로 브르노에 방문하여 트랙터 공장을 시찰한 바도 있다.

15세기 얀 후스가 주도한 후스파의 종교개혁 운동과, 이에 이어진 전쟁을 떼어 놓고 생각할 수 없는 현대 체코 영토 지역의 역사의 흔적은 브르노에도 가득하다. 1400년대 초 후스파와 구교 세력의 충돌이 두 차례 이어진데 이어, 17세기 유럽 전역을 종교전쟁의 소용돌이로 빠지게 한 30년 전쟁의 주요 전장이 되었다. 신교의 스웨덴 군대에 맞서 구교가 유일하게 수성에 성공한 모라비아계 도시로 이후 모라비아 지역의 수도 역할을 담당하게 되었다. 브르노 구시가의 오래된 성당들은 이 지속된 전쟁의 사연을 제각기 담고 있다.

브르노 Kostel sv. Jakuba

근대에 들어서며 제국의 각축이 시작되면서, 브르노는 또 다른 세계사적 전쟁의 중심이 되었다. 1805년 당시 세계 최강의 군대를 이끌며 동진하던 나폴레옹의 프랑스와 마리 테레지아 이래로 프랑스 못지않게 중유럽 최강의 제국을 형성하던 합스부르크의 오스트리아, 그리고 유럽 변방에서 대제국으로 성장해가고 있던 러시아, 세 제국의 군대가 충돌한 삼제전쟁이 벌어진 곳이 브르노 외곽 평원에 위치한 아우스트럴리츠이다. 이곳의 체코 명칭은 슬라브코브 우 브르나 Slavkov u Brna로 브르노 옆의 슬라브코브라는 뜻이다. 지금도 매년 11월 말이면 브르노에서는 이곳에 진주했던 나폴레옹 군대를 기념하는 행사를 갖고 아우스트럴리츠에서는 그 당시 전쟁을 재연한다. 현재의 자국 영토에 들어온 외국 군대가, 그것도 무려 세 나라에서 진주한 제국의 군대가 벌인 전쟁을 기념하며 행사하는 모습에서 이들이 가진 국민국가의 개념, 역사 등을 엿볼 수 있는 부분이기도 하다. 우리나라 인천 앞바다에서 러일전쟁 때의 제물포 해전을 기념하는 행사를 벌이는 것을 상상할 수 있을까?

합스부르크, 오스트리아 - 헝가리 제국을 거치면서 브르노는 독일어를 사용하는 주민이 주류를 이루었고 독일계가 주도하는 도시 행정 권력은 대학교육 등에서 독일어만 사용하게 하는 등, 체코계의 성장을 지속적해서 탄압했다. 결국 체코계 대학은 1918년 이 지역의 최초의 근대 국민국가인 체코슬로바키아가 성립된 이후인 1919년 처음 설립되었고, 그 대학이 브르노의 마사릭 대학이다. 대학 명칭에 체코슬로바키아 건국 대통령인 토마스 마사릭 Tomáš Masaryk의 이름을 따온 것에서 알 수 있듯, 브르노가 갖고 있는 체코 국민국가 성립의 상징 중 하나이다. 아이러니하게도 이 대학의 법대는 독일 나치 점령 후 비밀경찰 게슈타포의 본청으로 사용되었다. 연합군의 승리 후 브르노에 거주하던 독일계 주민 18,000여 명은 생존수단도 제대로 갖추지 못한 채 오스트리아로 추방되었고, 오스트리아에 도착한 사람은 절반에 불과하였다. 도중에 많은 사람이 희생되어 '브르노의 죽음의 행진'이라 기록되고 있다.

마사릭 대학

| 브르노의 변화 |

프라하의 위세와 체스키 크룸로프, 카를로비 바리 등 동화 같은 도시들에 밀려, 브르노를 비롯한 여러 모라비아의 도시들은 관광지로 유명하지는 않다. 하지만 최근 들어 브르노 시내에서도 깃발을 앞세운 투어 그룹을 매일같이 볼 수 있을 만큼 관광산업이 발전하고 있다.

브르노 주변에는 앞서 소개한 국경 쪽 와인 생산지의 레드니체Lednice와 브르노 동북쪽 크로메르지즈Kroměříž 등 여러 도시가 유네스코 문화유산으로 등재되어 있어 점차 여행객들의 관심이 높아지고 있는 곳이기도 하다.

레드니체, 유네스코 세계문화유산

　브르노에도 많은 변화가 찾아오고 있다. 스타벅스나 코스타 커피 같은 글로벌 프랜차이즈 커피숍도 여럿 들어오고, 맥도날드, 버거킹, KFC는 시민의 입맛을 바꾸었다. 늘어나는 외국인 거주자와 관광객 덕분인지 영어로 된 안내도 부쩍 늘었다. 유럽 각 도시를 연결하는 국제 버스의 노선과 이를 운영하는 회사도 다양해지고, 오래되고 도시 확장에 걸림돌이 되어 골칫거리인 중앙역도 나름 개선되고 있다.

　인구가 계속 늘어나고, 경제도 꾸준히 성장하는 덕분에 자가 차량 보유가 급격히 늘다 보니 구시가를 감싸고 있는 도로는 출퇴근 시간의 정체로 홍역을 앓는다. 도시의 외곽에는 새로운 주택단지가 들어서고, 도심의 치솟는 부동산 가격을 피해 더 많은 가구가 외곽으로 이동한다.

　도시 외곽 너른 부지에는 IKEA, TESCO, Globus 등 글로벌 복합 마트가 들어서고, 거대한 미국식 쇼핑몰이 생겨 점점 자가 차량 없이는 불편해지는 도시로 변모하고 있다. 덕분에 외곽의 여러 타운을 연결해주는 외곽순

환 터널들은 상습 정체구간이라는 오명을 새로 얻었다. 여기까지 설명된 브르노는 미국, 한국할 것 없이 인구증가와 시장의 확대를 경험하고 있는 지구상의 대부분 도시와 별반 다를 것 없는 모습이다.

한편 각종 대형 마트가 늘어나고 있지만, 동네의 작은 식품점은 오히려 증가하고 작은 카페와 독립 상점도 점점 늘어나고 있다. 브르노 중심의 천 년 된 재래시장은 주변 정리와 함께 더 많은 주민과 관광객의 사랑을 받고 있다. 이렇게 브르노는 오래된 동네의 습속을 유지하면서 급격히 팽창하는 글로벌 시장 질서로 신속하게 편입되어가고 있다.

브르노 시장

브르노는 아직 번잡하지 않게, 큰 비용을 들이지 않으며, 관광객보다는 주민들과 더 마주하면서, 지루하지 않을 만큼의 아름다운 건축물과 문화의 흔적을 즐길 수 있는 좋은 '유럽 생활 체험'이 가능한 공간이다. 화려한 건축물 등 시각적 관광이 주지 못하는 더 깊은 유럽 사람들의 속내를 들여다볼 수 있는 곳이다.

| 맥주와 와인 |

맥주와 와인을 빼놓고는 체코를 이야기하기 힘들 정도이다. 체코의 보헤미아가 맥주의 고장이라면 모라비아는 와인의 고장이다. 모라비아는 체코 와인 생산의 90% 이상을 차지하고 있다. 브르노 아래로 미쿨로프, 발티체, 즈노이모 등 남모라비아주와 슬로바키아 그리고 오스트리아의 국경을 이루는 도시들은 예로부터 체코 와인 생산의 중심을 이루고 있다.

스따로 브르노 맥주 공장의 레스토랑

브르노의 가을은 와인의 생산과 관련된 축제로 가득하다. 9월 초 와인을 만드는 과정에서 처음 발효되어 나오는 술인 부르착Burčak과 함께 시작되는 축제는 11월 체코 와인의 보졸레 누보(당해 새로 출하한 와인) 격인 스베띠 마르띤Sveti Martin 축제로 이어지고, 이어지는 크리스마스 마켓에서는 따뜻하게 데운 와인 스바라작Svařák이 중심을 이룬다. 체코 와인은 역사가 오래되었지만, 특히 21세기에 와서 전성기를 맞고 있다. 체코가 2004년 EU에 가입하면서 와인의 양과 질적인 면 모두 급속히 성장하였고 실제 세계 와인 콘테스트에서 모라비아의 화이트 와인을 중심으로 메달을 많이 획득하기도 한다.

우리에게도 익숙한 버드와이저는 체코 남부의 체스케 부데요비체České Budějovice에서 시작되었고, 필스너는 체코 서부의 플젠Plzeń에서 비롯되었다. 이처럼 맥주를 가리키는 대표적인 브랜드와 용어가 체코에서 유래한 것을 보아도 알 수 있듯이 체코는 맥주를 떼어 놓고 이야기할 수 없다. 체코의 맥주는 크게 네 지역으로 나누어서 생각할 수 있는데, 버드와이저의 탄생지인 체스케 부데요비체 지역과 필스너 이름의 유래인 플젠 그리고 수도원 중심의 맥주 역사를 가진 프라하, 그리고 브르노와 남모라비아이다.

우리나라에는 많이 알려지지 않았지만 브르노와 남모라비아에서는 브르노 구시가 바로 옆 도심에 자리 잡고 있는 스따로브르노Starobrno 브루어리가 유명하며, 또 브르노 북쪽의 체르나 호라Černá Hora도 좋은 맥주를 만들고 있다. 또 브르노 중심으로 여러 마이크로 브루어리들 붐을 이루며 브르노 맥주 문화를 형성하고 있다.

| 유럽 도시의 클리셰 |

다양한 문화를 가진 유럽의 나라와 도시지만, 중소규모 도시에서의 삶의 모습은 크게 서로 다르지 않다. 도시마다 역사와 문화적 특색을 갖고 있지만, 구시가를 중심으로 한 역사, 문화, 관광 지역과 그 주변을 둘러싸고 있는 근대 산업 혁명기에 팽창된 지역 그리고 비교적 최근 개발된 교외 주택가와 쇼핑가 등으로 삶의 공간을 분류해보면 도시 간의 특색 있는 차이가 크지 않다. 농담 삼아 다음과 같이 생김새가 서로 비슷한 유럽 도시를 설명하기도 한다.

'어디든 도시 중앙에는 우편엽서에 실릴 법한 오래된 교회와 광장이 있고, 유명한 음악가가 연주했던 콘서트홀과 극장 그리고 미술 교과서에서 봤던 작품이 있는 미술관이 광장 근처에 있다. 몇백 년 된 카페와 레스토랑에서는 유명한 작가가 글을 썼다. 광장 주변 올드 타운은 예외 없이 사람 이름을 딴 길이 있고 이 바닥이 돌로 되어 있어 차가 다니면 덜컹거린다. 왠지 차를 몰고 들어오면 머쓱해지고 차량 수명이 단축될 것 같다. 주차는 항상 불편해 유럽 사람들이 왜 작은 차를 타는지 이해가 간다. 관광객이 늘면서 도심 주거지는 에어비엔비나 작은 호텔로 하나둘 바뀐다. 조금 걸어가야 있는 중앙역과 버스 터미널 앞은 복잡하고 각 나라에서 온 사람들로 북적인다. 강을 끼고 있는 공원에는 노인들이 햇볕을 쬐고 있으며 비둘기에게 먹이를 준다. 공원과 중앙역 사이에는 노숙자 몇 명을 볼 수 있다. 조금 외곽으로 트램을 타고 나가면 양복 입은 사람도 보이는 말끔한 오피스 지대가 나타난다. 도시 곳곳에 있는 작은 광장에는 수시로 파머스 마켓이 열려 신선한 빵, 유제품, 채소, 햄, 꿀 등을 살 수 있고 주말에는 벼룩시장이 열린다. 계절에 따라 사육제(카니발) 행진, 맥주와 와인 축제, 크리스마스 마켓 등이 번갈아 가면서 열려 광장은 한가할 틈이 없다. 오래된 공장지대는 힙한 도시재생지역으로 점점 바뀌고 있고, 벤처기업, 스타트업들이 슬슬 모이기 시작한다. 도시 근처 산등성이에는 도시를 전망하기 좋은 탑이나 성, 수도원이 자리 잡고 있다.'

이런 비슷한 규모와 구조를 가진 도시에서 걸음의 조건에 근거한 도시 공간소통 역시 비슷한 모습을 띠게 마련이다. 따라서 이 책이 소재로 삼고 있는 브르노를 통해서 보는 도시공간소통의 면면과 그 맥락을 형성하는 걸음의 환경은 여느 유럽 중소규모 도시에서도 일반적으로 적용될 수 있는 내용일 것이다.

그렇다면 한국의 도시는 어떠할까. 유럽 중소규모 도시보다 인구밀도가 너무 높고, 이미 각종 개발로 많이 변해버려 이런 걸음의 조건과 맥락을 적용하지 못할 것이라 표면적으로는 느낄 수 있다. 그 시각적 모습도 너무 다르고 삶의 패턴과 속도도 너무 다르기 때문일 것이다. 그렇지만, 앞서 이야기한 것처럼 도시의 구조와 일상의 일부 부분을 떼어 놓고 보면 또 그렇게 다르지만은 않고 우리나라에 적용 가능한 사례와 경험이 충분히 있다. 그러니 구경꾼으로 바라보지 말고 내가 살고 있는 공간 그 하나하나를 곱씹어 보며 브르노의 작은 공간 구조와 일상을 들여다보았으면 한다.

전형적인 중부유럽도시, 체스크 크룸로프

브르노, 어슬렁거리는 도시

이 책은 체코 제2의 도시임에도 불구하고 인구는 약 오십만 명에 불과하고, 또 대학 도시인 '브르노'라는 도시의 성격에 충실하게 어슬렁거리기 좋은 대학교 밀집 지역의 공간을 엿봄으로써 브르노의 도시공간소통의 면면을 소개하고 있다.

대부분 유럽 여행자는 그 도시에 가장 볼거리가 많은 구시가지를 먼저 찾는다. 이는 짧은 시간 효율적인 관광을 위한 당연한 결정이다. 여행자의 동선은 그곳에서 삶을 영위해가는 동네 사람들의 동선과 다르다. 새로운 곳에서 느끼고, 배워가는 여행자들은 공간을 일회성으로 소비한다. 즉 다른 여행지나 자기의 동네와 다른 것을 찾고, 그것을 눈과 카메라에 담는다. 그리고 또 다른 욕망을 채우기 위해 이동한다. 일상에서 보기 힘든 풍경을 담기 위해 시선을 끊임없이 움직인다.

반면 동네 주민은 시선을 자기 눈높이에 맞추고 제각기 필요에 따라 이동하면서 일상적이고 반복적인 동선을 형성한다. 스마트폰이라는 편리한 도구 덕분에 일상의 길에서도 종종 사진을 찍고 주위를 두리번 거려 보지만, 사진을 찍기 위해 특별히 동선을 새로 짜지 않는다. 이 책에서 소개하는 브르노의 동선은 이 브르노를 일상으로 움직이는 사람들의 동선이다.

베베지(Veveří) 구역의 말하는 골목들

브르노의 베베지 구역은 브르노 구시가의 북쪽, 예전으로 치면 성 밖 완만한 언덕 사면에 자리 잡고 있다. 이 지역은 마사릭 대학교의 인문, 사회계열 학과들과 식물원이 있고, 브르노 공대의 몇몇 건물이 그 경계를 이루는 지역으로 일종의 캠퍼스 타운이다.

이러한 대학 건물들과 일반 주거 건물과 시각적으로 다르지 않아, 오히려 큰 주거 단지로 보이기도 한다. 여기에서는 이러한 주거지를 우리 식 '아파트'라는 의미의 영어 플랫Flat 혹은 체코어 비트Byt라 부른다. 하지만 한국 아파트와는 달리 플랫은 단지로 이루어지지 않고 대개 각 동이 모두 다르게 생겼다. 각 동 안의 집들도 크기나 모양이 모두 다르다.

베베지 구역

이 구역은 시내와 가깝다 보니, 각종 대중교통이 잘 연결되어 있다. 베베지 구의 중심길인 베베지 길에는 3개의 트램 노선과 4개의 버스 노선이 교차하고, 그 옆의 꼬우니초바 길에는 버스 2개 노선, 그리고 양쪽 경계를 이루는 우도르니와 리디츠까 길에 각각 트램 1개와 2개의 노선이 운행되고 있다. 총 11개의 트램 노선을 갖고 있는 브르노시를 고려해 봤을 때, 이 정도의 교통 조합이면, 브르노의 웬만한 곳에서는 갈아타는 일 없이 이 지역에 손쉽게 다다를 수 있다는 이야기가 된다.

유럽 대부분의 도시 트램 노선이 그렇듯, 이곳의 트램 정류장 간 간격이 매우 좁다. 일례로, 약 1km로 이어지는 베베지 길 위에 트램 정류장은 양쪽 경계까지 합쳐 4개에 달한다. 각각의 정류장은 그 짧은 구간에서도 지역 간 미묘하게 다른 분위기를 만드는데, 시내로부터 가장 가까운 정류장은 구시가 입구의 역할을, 두 번째 정류장은 주로 마사릭 대학교, 체코 헌법재판소와 주변 상업시설로, 세 번째 정류장은 브르노 동 - 서 지역으로 연결되는 환승센터로, 네 번째 정류장은 브르노 공대로 연결되는 역할을 한다.

Česká	Česká	Grohova	Konečného náměstí	Rybkova
체스카1 정류장	체스카2 정류장	그로호바 정류장	코네츠네호 광장 정류장	리브코바 정류장
도심의 관문역할	마사릭대 본관	마사릭대 예술대	트램 환승	브르노공대
체코헌법재판소	마사릭대 사회과학대	간호학교	티볼리하우스	국방대학
최고행정재판소	야나첵음대	레오시 야나첵 기념관	마사릭대 식물원	모라비아 도서관
	레드처치			

베베지의 트램 정류장

그렇게 촘촘히 나누어진 정류장 시스템은, 그 정류장과 주변 지역을 손쉽게 도보로 이동할 수 있게 한다. 여기에서 한가지 전제해야 하는 것은, 우리네의 지하철역이 하나의 지역 경계를 이루는 것과 달리, 브르노의 트램 정류장들은 한두 개쯤은 걷다 보면 거슬러 올라갈 수도, 지나쳐 내려갈 수도 있는 물리적, 생활 맥락적 환경을 갖고 있다는 점이다. 한 정류장에 내려서 이런저런 볼일을 보다 보면 한두 개쯤은 손쉽게 거슬러 올라갈 수 있는 동선이 이 구의 맥락을 형성한다.

대략 세 가지 큰길로 나누어져 있고, 세 가지 다른 트램 노선이 다니고 있는 이 베베지 구는 그 큰길 사이사이로 이어진 다양한 길 위의 사람들이 만드는 동선으로 여러 가지 조합을 만든다. 정류장으로부터 촘촘하게 이어지는 동네 가게들과 시설물은 하나하나의 연결점이 되어 공간의 덩어리인 구역을 만들어낸다. 이렇듯, 서로 다른 지역의 사람들이 각기 별 불편 없이 한곳에 다다르고 그곳을 '걸으면서' 지나쳐 갈 수 있는 환경이 이 구역의 문법을 만든다.

흔히 대도시의 관광 안내서를 보면, 어떤 특정 지역이 '타깃'으로 설정되고, 그 안에서의 동선을 예쁘게 도안된 지도로 소개한다. 한국의 '홍대', '인사동', '가로수길'이 그런 역할을 한다. 우리는 한 지역을 갈 때 이 목표지점을 향해 빠른 교통수단을 통해 점프해서 들어가고, 안내된 동선을 따라 시각적 소비를 한다. 100층 건물 위에서 도시를 조망하는 사람과 크게 다르지 않게, 이 시각 소비자들은 누군가에 의해 설정된 지역의 이미지를 충실하게 소비하는 역할을 한다.

이는 브르노의 구시가, 센뜨룸Centrum과 이 베베지 구역을 비교해 볼 때 더욱 확연히 드러난다. 역사적 기념물, 모든 행사를 흡수하는 광장, 브랜드 숍, 카페 등은 시민들의 자연스러운 동선으로 만들어낸 것에 더하여 구획되고 설정된, 즉 인코딩된 이미지를 판매하고 있다. 이곳에 구경 온 사람들은 몇몇 구경거리와 쇼핑거리에 목표를 집중해서 효율적인 동선을 만들어 이동한다.

| 서쪽 베베지 |

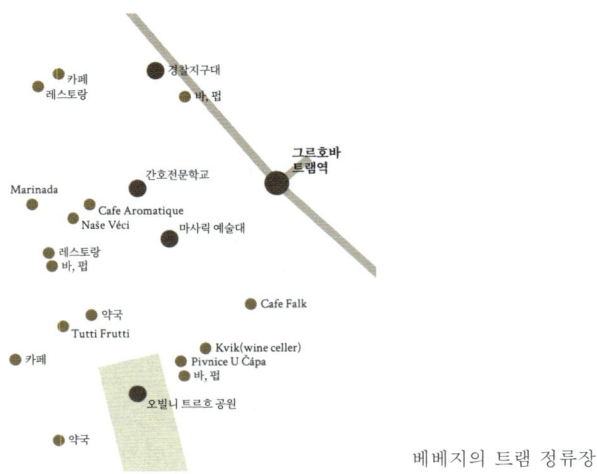

베베지의 트램 정류장

 반면, 학교와 주거공간이 결합된 베베지 서쪽 구역은 그 일상성에 부합하듯, 다양한 일상의 걸음으로 구성된다. 일상의 걸음은 보통 반복적이다. 정류장에서 학교나 가게 등 목적지로 단순한 이동을 한다. 그 단순한 이동이 한 방향에서만 벌어지면, 이 동선 속 동네의 모습은 균형을 이루기 쉽지 않다. 즉, 가장 압도적인 동선을 중심으로 모든 시설이 집중될 수밖에 없다. 반면, 이 베베지 구역에서의 동선은 개별적으로는 단순하나, 세 군데의 교통 포인트를 중심으로 들어오는 동선이 다양해지면서 시설이 골고루 분포된다. 즉 개개인의 동선이 각기 다른 동선과 만나면서 도시 한 구역의 성격을 균등히 공유할 수 있는 장을 만드는 것이다.
 특정 동선에 집중되어 일방적으로 '당신이 찾는 길이 바로 이 길입니다!'라는 신호를 보내거나 한 코너에 명소들이 모여있어 '여기가 바로 그곳이다!'라는 식의 모두를 흡인하는 신호를 보내는 공간에서 그 길 위의 사람들은 '소비자'가 된다. 방송국 예능 프로그램에 나오는 유명인들의 체코 관광 동선이 한국 관광객에게 곧바로 소비되는 것과 같은 메커니즘이다. 이는 마치 TV 광고를 보면서 '아 저거 꼭 나한테 얘기하는 거 같아'라는 느낌을 받으며 소통에 참여하고 있는 듯한 착각을 느낀 사람이 결국은 메시지의 일방적 수용자가 되어 그 광고된 물건을 '소비'하는 사람으로 전락해버리는 것과 같다.

이 베베지 서쪽 구역의 중심을 굳이 설정한다면, 작은 디자인 소품 가게인 Naše Véci, 그 바로 옆의 꽃 가게와 카페 Aromatique, 그 건너편으로 Marinada라는 식품 가게와 지역 모라비아 와인을 파는 작은 와인 가게가 모여있는 사거리를 들 수 있다. 이 사거리는 시각적으로나 기능적으로 특별하지 않다. 비슷한 플랫 건물들이 맞대고 있는 코너인데, 그 위치가 서쪽 구역의 중앙 정도이며, 이러한 가게들 몇 개가 모여있다 보니 자연스레 사람들의 동선이 이어지는 곳이다. 사거리인 만큼, 이곳으로 들어설 수 있는 방향도 네 방향이고, 네 방향 모두 이곳을 향할 수 있는 작은 지점들이 꼬리를 물고 이어진다. 따라서 그 네 방향 네트워크의 노드가 되어, 걸음의 이동에서 지나치고 머무는 공통의 지점이 된다. 예를 들어 이 지점의 남쪽으로 50여 미터 내려가면 오빌니 공원 Obilni trh이 나오는데, 이 공원은 4번 트램 정류장으로부터 사람들이 유입되는 입구의 역할을 함과 동시에, 인근 상업 시설(Café Falk, 레스토랑 U Čápa, 약국, 아이스크림 가게 Tutti Frutti, 애플 제품 셀러 등)을 찾은 사람들이 머물 수 있는 공공공간으로 양방향 30여 미터의 네트워크 노드를 형성한다. 소위 '역세권'이라 할 수 있는 트램 정류장 주변에 사람들을 묶어 놓는 것이 아니라 50여 미터 안으로 발을 들이면, 여러 계층에게 골고루 환영받는 상업시설들이 30여 미터 반경으로 머무는 공간을 만든다. 그리고 다시 이곳에서 시작하여 50여 미터를 걸으면, 앞서 설명한 사거리 다음 네트워크 노드로 부담 없이 이동한다. 혹은 다른 방향으로 50여 미터 걸어가, 이곳에 오기 위해 탔던 트램이 아닌 다른 노선의 정류장으로 갈 수도 있다.

이렇게 50여 미터 단위로 촘촘하게 짜인 네트워크의 노드는 사람들의 도보 이동의 부담을 줄여줌과 동시에, 길에서의 지루함을 방지한다. 이러한 동선은, 역을 중심으로 큰길을 따라 상업시설들이 집중되어있는 한국 도시의 단선적 동선과 사뭇 다르다는 점을 알 수 있다. 이러한 단선적 동선에서 사람들은 다른 지점(노드)으로 이동하기 위해 빠른 교통기관에 의존하는 경향이 크다. 베베지 구역의 촘촘한 네트워크는 동네 작은 사거리, 작은 놀이터도 사람들의 걸음과 머무름을 유인하는 중요한 역할을 수행할 수 있다는 것을 보여주는 사례이다. 도시의 작은 구석구석에 '볼 일'이 가깝고, 끊임없이 연결되어 있으면 사람들은 더 걷게 되고, 그러다 보면 일을 볼 수 있는 곳이 더 늘어나는 상호 상승작용이 일어난다. 사람들은 가깝고 즐거워야 걷는다.

주지해야 할 점은 이러한 구역이 특정한 도시계획으로 만들어지는 것은 아니라는 점이다. 여러 특징적인 도시 구조들이 사실은 우연히 형성되었을 수도 있다. 또한, 역사적으로 어떠한 도시계획이 다른 구조물과 생활환경과의 조합을 통해 새로운 의미의 공간으로 재창출 되기도 한다. 베베지 구역의 공간도, 몇몇 가게들이 우연히 들어와서 주위의 구조와 새로운 의미 조합을 만들고, 그 의미는 매년, 매 계절 달라진다. 이렇듯, 사람들이 자발적으로 만들어간 구역이지만 앞서 설명한 바와 같이, 도시의 다양한 방향에서 사람들이 쉽게 도달할 수 있게 돕는 대중교통 정류장의 다양한 배치는 도시계획에서 좋은 참고가 될 듯하다.

근래 우리는 도시에서의 공공공간의 확충을 중요한 과제로 생각해왔다. 이러한 공공공간 확보의 최우선 조건으로 '균등한 접근권'이 꼽힌다. 브르노의 베베지 구역은 개별 사유공간이 조합된 곳이지만, 하나의 구역으로 묶이고, 사람들이 그 성격을 만들고, 더 중요하게는 다양한 방향에서의 접근성을 높임으로써 거대한 공공공간의 덩어리가 된다. 그 안에서 사람들은 서로 지나치며, 머물며, 동네의 소식을 주고받으며 공간의 공공성을 확보한다.

Naše Věci

Aromatique

Tutti Frutti가 브르노 곳곳에서 운영하는 아이스크림 트럭

시내 곳곳에 아이스크림 트럭을 운영하는 Tutti Frutti 의 본 매장

| 동쪽 베베지 |

구시가 북쪽으로 넓게 구획되어있는 베베지 구의 동쪽 구역 역시, 서쪽 구역과 유사한 구조와 성격을 갖고 있다. 이 구역의 남북을 가로지르는 길 (꼬우니쪼바Kounicova)과 구역의 북쪽 끝 길 꼬뜰라르즈까Kotlařská에는 여러 노선의 트롤리 버스가 운행되고 있으며, 서쪽 끝 리디쯔까Lidická 길에는 두 개의 트램 노선이 운행되고 있다. 이곳을 지나는 트롤리 버스들 대부분은 브르노의 동-서와 남-북의 시 경계를 가로지르다 보니, 시내에서 가까운 이 구역의 정류장들이 노선의 중심 역할을 한다. 그 노선에는 멘델 대학교와 브르노 공대, 그리고 마사릭 대학교의 신 캠퍼스와 최대 기숙사가 다 포함되어있어 매시간 많은 승객을 실어 나른다. 이 구역 역시 100여 년 된 플랫 건물들이 중심이며 건물 지상층이나 지하에 다양한 상점들이 운영되고 있으며 구역의 지리적 중심에 브르노 공대의 행정 건물과 야나체크 기념관, 초등학교 등이 있다.

브르노 시내 여느 길과 마찬가지로 사이사이 작은 길들이 대부분 자동차의 일방통행만을 허용하고 길 양편으로 주차를 허용하고 있어 도로는 매우 비좁다. 이 비좁은 길은 자연적으로 자동차들의 이동을 느리게 하여 걸음의 안전을 확보한다. 자동차는 절대적으로 서행을 하며, 교차로마다 일단정지를 해야 하는 운전하기 불편한 구역이다. 길 중간중간에 초등학교 등 각급 교육 시설이 있는데, 학교 앞 조금 넓게 열린 공간은 바로 옆이 찻길임에도 불구하고 공차기를 하는 어린이들로 복잡하다. 그렇게 좁은 길들은 네방향 큰길에 각기 도달하게 되어있는데, 특히나 동쪽 경계를 이루는 브르노 최대 규모의 루잔끼Lužánky 공원에 손쉽게 연결된다. 이 루잔끼공원은 베베지 구와 체르나 뽈레Černá Pole 구 경계이자 연결고리의 역할을 하며, 또 하나의 큰 동선의 노드가 된다.

루잔끼 공원

키노 아트 안의 Cafe ART

중고 소품 가게

　베베지 서쪽 구역과 마찬가지로, 이곳 역시 몇 군데의 노드가 있다. 대표적으로는 반려동물과 어린이들에 친화적인 띠르슈브 사드 Tyršův sad 공원을 진입로로 삼은 지점이다. 그 옆으로는 기능주의 바우하우스 양식으로 지어진 후스파 교회가 자리 잡고 있다. 이 교회는 브르노 기능주의 건축의 대표적 건물로 실내 장식을 그대로 살려 스보로브나 Sborovna 라는 이름으로 레스토랑과 당구장으로 운영되고 있다. 그 건너편으로는 소규모 독립영화 상영관 키노 아트 Kino Art 가 카페와 함께 운영되고 있다. 이 건물 역시 기능주의 바우하우스 양식으로 지어졌고, 각종 영화 관련 포스터 등이 건물을 다채롭게 변화시켜 시선을 끌곤 한다. 이곳에 위치한 카페는 브르노 곳곳의 현대적 디자인의 카페들을 디자인한 지역 디자이너 아이덴티티가 공유되는 곳으로 지역 스토리텔링의 한 소재가 된다. 그리고 십여 미터 아래로 내려가면, 겉으로는 아무런 표식도 없는 이름 없는 가게가 하나 나오는데, 산지에서 가져온 농산물과 생산자에게 직접 가져온 유기농 가공식품을 오후 세시부터 여섯시까지만 한시적으로 판매하는 가게이다. 이 가게는 그날 그날 들어오는 물건이 다르기 때문에, 매일 가게 앞 낡은 의자와 테이블 등에 그날 판매하는 농산물의 일부를 놓아 사람들에게 알린다. 이 지점은 이렇듯 10여 미터 내외로 두 개의 길을 사이에 두고 이렇게 동네 사람들이 오갈 수 있는 시설들이 각자의 정체성을 조합해가며 다양한 사람을 이끈다. 이 지점 역시 정류장들로부터 멀리 떨어져 있지만, 정류장에서 이쪽으로 유도하는 여러 노드들의 도움을 받아 사람들이 어렵지 않게 도달하여 머물고 지나치게 하는 또다른 노드가 되고 있다.

서로 유도하는 또 다른 노드 중 한 곳은, 구역 남동쪽 트램 정류장에서 20여 미터 이내에 있는 중고용품 판매점인 자선 가게, 동네 이발소, 지역 디자이너 소품 가게, 의상실 등의 집합이다. 이 노드는 정류장에서 목적지로 이동할 때 약간의 변주를 가능하게 하고, 100여 미터 위쪽에 있는 구역의 중심부인 키노 아트 지점 쪽으로 자연스럽게 이동하게 한다. 동네 사람들이 물건을 기부하고 저렴하게 구매하는 가게가 있다 보니, 예전 물건을 많이 갖고 있는 노인세대와 독특한 스타일을 선호하는 청년세대가 공존한다. 그 옆으로 오직 이곳에서만 구할 수 있는 지역 디자이너의 소품과 의상 숍들은 이들이 머무는 시간을 길게 한다. 그런가 하면 정류장과 연결된 정육점, 빵집 등 각종 생활공간으로 자연스러운 동선이 이어져 다양한 세대와 다양한 필요를 갖는 일상의 사람들이 자연스레 섞이는 곳이 만들어진다.

이렇게 정류장 주변의 한 개의 네트워크 노드, 그 안쪽의 다른 노드, 그리고 구역 중심 깊숙하게 자리 잡은 노드가 서로 부담스럽지 않은 거리로, 다양한 방향으로 연결되어, 복잡한 동선의 자연스러운 형성을 돕는다. 특히, 복잡한 동선은 이 지역을 키노 아트와 같은 좀 알려진 공간으로 단순히 유도하는 관광 공간이 아니라 동네의 사람들이 걸음의 문법을 만드는 일상 공간으로 남을 수 있게 도와준다. 동네 공간이 일상 공간의 지위를 유지하는 한편 다양한 낯선 이들이 제각기 다른 필요로 유입되어 동선을 교차하면서 상호 간의 불확실성을 제거한다. 그리고 자본주의 사회 모두의 큰 관심인 지역 상권의 건강한 유지라는 덤도 얻는다. 사람이 모이면 장사가 잘되고, 사람과 사람은 서로서로 CCTV가 되어 안전을 보장한다. 그렇게 느릿느릿 다른 사람들을 조금씩 이해해가면서 동네의 길을 외부인에게 개방하며 새로운 소통을 만들어간다.

| 브르노 올드타운 |

현대 브르노의 네 개의 성문

브르노 중앙역 트램 정류장

 브르노 구시가는 과거 성벽이 있던 지점을 대략의 경계로 하여 구성되어 있다. 구시가 안으로는 두 개의 트램 노선이 지나고 간혹 일반 차량이 통과하기도 하지만, 여러 가지 제약조건이 있어 차량 통행은 드물다. 따라서 사람들은 구시가 외부에 차를 주차하거나 트램 등 대중교통에서 하차하여 도보로 들어서야 한다. 그러다 보니 브르노 구시가 주변의 네 개의 주요 트램 정류장인 남쪽의 기차역, 북쪽의 체스카, 서쪽의 실링그로보, 동쪽의 말리노브스케호는 일종의 '성문' 역할을 한다.

 기차역 트램 정류장은 올드타운의 관문이자 브르노의 관문이다. 브르노 기차역과 고속버스 정류장 등이 위치한 관계로 모든 교통수단을 볼 수 있다. 브르노에서 가장 번잡스러운 동시에 가장 다양한 사람이 뒤섞여 있는 일종의 '이방인의 길'이다. 브르노의 찬란한 구시가와 산업화의 그늘을 가진 지역의 경계 역할도 하는 이곳 주위로 수많은 상점이 밀집해있다.

체스카 트램 정류장

체스카 트램 정류장은 북쪽으로 국립대학교들이 밀집해 있는 관계로 일종의 '캠퍼스 타운 입구' 역할을 한다. 체코 학생을 비롯해 다양한 국적의 젊은이들이 만남의 광장으로 사용하는 곳이다 보니 맛집과 서점, 은행 지점들이 몰려있다. 브르노는 체코의 사법 수도의 역할도 하고 있어 헌법재판소를 비롯한 각종 법원 시설이 있는데, 대부분 이 지역에 밀집해있기도 하다.

실링그로보 트램정류장에서 바라본 레드 처치

실링그로보 트램 정류장은 브르노 올드타운의 서쪽 슈필베르크 성 밑에 있다. 올드 브르노라는 지역에서 올라올 때 구시가로 접하는 그 길은 과거 인구 밀집 지역에서 성으로 들어온 사람들이 가장 필요로 하는 시설인 시장이 있다. 구시가 내에서도 가장 오래된 느낌을 주는 골목들이 미로처럼 연결되어있고, 그렇다 보니 작고 아기자기한 건물들이 늘어서 고즈넉해지는 저녁이 되면 중세의 브르노를 느끼게 해준다. 이곳에 자리 잡은 대성당에서 내려온 밤 조명은 운치를 더해준다.

체스카 트램 정류장 주변을 이루고 있는 코멘스케호 광장과 붉은교회

동쪽 말리노브스케호 트램 정류장 주변에 있는 마헨 극장은 에디슨이 발명한 전구가 유럽에서 제일 먼저 달린 오래된 오페라 극장이다. 이 극장 위로는 사회주의 시절 기능주의적 전통에서 지어진 야나체크 국립극장이 있다. 이렇게 이 정류장 주변은 브르노의 예술 문화 중심을 이루는데, 트램 정류장으로부터 진입해서 들어가면 국립 야나체크 음악원이 자리 잡고 있고, 아르누보로 지어진 체코 국영 방송국의 브르노 지국이 있다. 넓지 않은 구시가이지만 이렇게 도드라지게 젊고, 예술적인 분위기로 구분되다 보니, 최근에는 클럽, 고급바, 수제 맥주 펍 등이 자리 잡아 하나의 독특한 구역으로 자리 잡고 있다.

브르노의 역사를 담은 말리노브스케호 정류장 앞 마헨 오페라 극장

　이렇게 동네의 복잡한 동선이 교통기관의 정류장과 작은 네트워크 노드로 형성된 구역은 행정구역에 따라 여러 곳으로 나눌 수 있다. 도시가 확장되는 시기와 위치의 성격에 따라 상이한 이 구역들이 공통으로 갖는 중요한 속성 하나는, 이곳들이 모두 구시가 중심으로 들어가는 통로의 역할을 한다는 점이다. 각 구역 내부의 한 지점에서 다른 지점으로 큰 무리 없이 도보로 이동하다 보면 자연스레 구시가로 연결이 되는 것이다. 즉 작은 동선의 네트워크가 복잡하게 구성된 하나의 구역은 하나의 큰 네트워크 노드를 형성하면서 브르노 구시가 입구로 걸음을 유도하는 중간 경로의 역할을 한다. 성벽으로 둘러싸인 중세도시의 중심은 이제 여러 개의 도로로 사방팔방 연결되어있다. 그렇게 차량을 이용해서 시내 중심으로 한 번에 들어올 수 있는 여건이 마련되어있지만, 마치 중세 시대 성 밖의 사람들이 성 외벽 아래 좌판과 시장을 열어 그 안팎을 생활공간으로 공유하듯

이 현대의 시민들도 구시가 주변의 여러 구역에 자신들의 생활공간을 촘촘하게 연결해 놓는다. 그리고 이 촘촘한 연결고리들을 도보로 이동하며 자연스럽게 구시가에 들어서거나 주위를 빙 둘러 곳곳에 닿을 수 있다.

이 과정에서 자가 차량과 대중교통은 그 이동의 편의를 돕는 역할을 할 뿐 직접적인 구시가로의 진입은 최소로 한다. 구시가를 관통하는 두 개의 트램 노선은 광장과 외곽을 연결해 사람들의 편의를 도모하는 역할은 하지만, 최소한의 속도로 구시가 구간을 통과하여 사람들의 보행에 불편을 줄이는 한편, 걸음이 부담스러운 이들이 구시가 내에서 다른 지점으로 이동하는 데 도움을 준다. 그리고 구시가 광장에서 열리는 각종 축제와 행사 시에는 사람들이 최대한의 광장을 형성할 수 있도록 트램 운행을 중단하기도 한다. 이렇게 구시가의 광장과 작은 길들은 도보의 편의, 안전, 그리고 쾌적함을 최대한 보장한다.

구시가를 관통하는 트램노선

브르노의 구시가는 여느 유럽의 중소규모 도시와 비슷하게, 작고 제한된 공간 안에 각종 시설과 사적지가 집중되어있다. 일반적으로 별도의 권역을 설정하지 않고 하나의 구역으로서의 구시가로 분류되고 인식된다. 중세 시대부터 형성된 이 구시가를 브르노만의 독특한 구성이라고 하기에는 여타 유럽의 도시들과 공유하는 속성이 너무나도 많아 이곳을 도시공간소통의 이상적 사례로 삼기는 어렵다. 기본적으로 촘촘하게 연결된 골목과 다양한 상점 중간중간을 이어주는 광장과 교회 등을 갖추고 있는 이 공간 자체가 매우 '소통적'이기 때문에 사람들은 이곳에 드나들며 일상을 보내며 구경을 한다. 재현이 가능하다면 이러한 유럽의 중소도시 구시가지 구조를 가져다 놓으면 아마도 가장 소통적인 도시 공간을 만들 수 있을 것이라 주장해도 과하지 않을 것이다. 그 구조 덩어리를 다 가져 놓을 수는 없기에 구시가의 구조를 설명하는 것보다는, 그 공간이 사람들에 의해 어떻게 쓰이고, 그 쓰임에 따라서 어떤 성격이 형성되는지를 들여다보도록 한다. 구시가라는 좋은 컴퓨터, 스마트폰의 하드웨어적 스펙보다는 그곳을 채우는 공간과 사람의 드라마가 끊임없이 형성되는 소프트웨어 혹은 소셜미디어를 보는 셈이다.

도심의 루잔끼 공원

| 그물형 네트워크가 만드는 링크 |

과거 성곽으로 둘러싸였던 공간인 만큼 구시가의 면적은 그리 넓지 않다. 하지만, 잘 구획되지 않았던 오래된 모습 덕분에 구시가 곳곳은 작은 길들이 거미줄처럼 연결이 되어있다. 그러다 보니, 동선의 경우의 수는 무궁무진하다. 낯선 이에게 이곳의 동선은 오히려 직관적이라 길을 잃을 염려가 없다. 트램이 다니는 중앙로를 따라가면 상점들이 줄지어 있고, 중앙 광장 역할을 하는 자유 광장 Náměstí Svobody 을 지나 구시가 양쪽 끝 번화가인 기차역 주변이나 체스카 거리에 다다를 수 있기 때문이다. 가장 주된 동선인 이 길만 따라가다 보면, 촘촘하게 삶의 공간이 연결된 구시가는 오히려 비소통적이고 다른 지점을 향해 머리와 마음을 내려놓고 순간이동하듯 걷는 공간이 된다. 하지만, 이곳을 생활 공간으로 삼고 있는 지역 주민들에게 구시가는 하나의 단일 공간이 아니라 상황과 성격과 목적에 따라 여러 지역으로 나누어지는 다채로운 공간이 된다. 중심로 양쪽으로 나무줄기 나가듯 계속 갈라져 나오는 작은 길들에 들어서면 조금씩 다른 성격의 공간이 등장하고, 그것들과 연결되는 구시가 외부의 네트워크 노드로 이어지는 길목을 형성한다. 그리고 그 조금씩 다른 성격의 공간들은 공통적으로 크고 작은, 유무형의 광장을 만들어 사람들이 머물고 마주하게 돕는다.

앞서 언급했듯, 브르노 올드타운 북쪽의 체스카 트램 정류장에서 내려 구시가 내 가장 큰 광장인 자유광장에 다다르는 동선은 가장 다양하고 많은 사람들이 걷는 길인 만큼 각종 브랜드의 상업시설이 자리 잡고 있다. 반면, 서쪽에 있는 '옛날 브르노'라는 이름의 '스따로 브르노 Starobrno'라고 불리는 오래된 주거지로부터 트램이 정차하는 실링그로보 근처 광장에서 내려 구시가로 걸어오는 사람들은 천여 년 동안 겨울을 제외한 평일이면 언제나 열리는 '채소시장' 광장에 곧 다다른다. 동쪽 야나체크 국립 극장과 마헨 오페라극장이 나란히 자리 잡고 있는 길에서 버스나 트램 정류장으로부터 구시가로 걸어 들어오면, 예술과 문화를 즐기는 많은 사람들의 취향을 저격하듯 각종 바와 펍이 자리잡고 있다. 이 몇 개의 길이 교차하는 지점인 성야곱 성당 Kostel sv. Jakubu 뒤편에는 여러 개의 식당과 펍, 카페가 마주 보고 있는데, 날이 좋으면 손님들이 다들 맥주나 커피를 들고 거리에 두런두런 앉거나 서서 작지만 시끌벅적한 자발적 광장을 만들어낸다. 이런 식으로 좁은 면적의 오래된 구시가이지만, 나름의 다양한 시나리오를 만들어내면서 사람과 공간의 드라마를 구성한다.

| 사적공간과 공적공간의 희석 |

 구시가의 길들은 각종 상업시설과 공공기관 그리고 광장을 잇는다. 그렇게 사적으로 소유된 공간인 상업시설이 길, 공공기관, 광장과 조밀하게 배치되어 있다 보니, 앞서 베베지 구역에서 볼 수 있었던 사적 공간 - 공적 공간의 자연스러운 교차가 구시가에서는 매우 일반적이다. 덕분에 공적 공간의 연장 혜택을 받은 거리의 사람들은 곳곳에서 머물고 마주하며 도시에 내용을 만들고 장식을 더한다. 여느 유럽 도시와 마찬가지로 4월에 시작되어 10월까지 계속되는 노천카페, 노천 식당은 그 자체로 사적 공간과 공공 공간이 융합하는 시설이 된다. 이곳의 대부분 노천카페는 특별하게 장식적이도, 고급스럽지도 않다. 그저 다들 비슷한 모양의 테이블이라도 가게의 느낌에 맞게, 그 외부 디자인에 맞게 메뉴판과 냅킨 등을 배치하여 정체성을 구성하고 표현한다. 그렇게 지나는 사람들과 소통하여 이끈다.

 매출 증대를 위한 각종 홍보문구가 난무하는 '상업행위의 공적 공간 침범'이 아니라 가게와 손님, 그리고 지나는 사람들이 소박하게 길을 나눠 공유하는 방법이다. 스스로를 밖에 내보일 때 어떻게 보일지에 신경을 안 쓰기는 어렵다. 그렇게 지나는 사람들이 많은 길, 공을 들여 자기를 어필하는 작은 장치들을 하나하나 설치함으로써 사람들의 걸음을 늦춘다. 걸음의 효율성을 떨어뜨려 사람과 사람, 사람과 공간의 접촉면을 넓히는 장치이다.

공공과 사적 공간의 혼재

야곱 광장 사진

야곱 광장 구성도, 다른 광장의 모습

이렇듯 유럽에서는 흔한 노천카페가 조금 더 적극적으로 사람들의 공공공간으로 섞여 들어간 공간이 몇 군데 있다. 그중 하나가 앞서 설명한 성 야콥 성당 뒷편의 조그맣게 열린 공간이다. 이곳을 중심으로 다섯 개의 작은 골목이 교차하고, 반경 십 미터 이내로 8개의 식당, 펍, 카페가 자리 잡고 있다. 평소에는 특별할 것 없이 상점을 드나드는 사람들과 구시가 중심으로 오가는 사람들이 교차하는 공간인 이곳이 봄부터 가을까지 날씨가 허락하는 오후가 되면 각 식당, 펍, 카페에서 하나둘 나와 그 공간을 채우는 사람들로 일시적 축제의 광장이 형성된다. 즉 각각의 사유지인 상점에서 음식을 들고나와 공공공간인 길을 채운 사람들로 만들어진 일종의 거대한 '공공 펍'이 되는 셈이다. 각 업소에서 주문한 맥주를 들고 교회나 건물의 돌출된 부위에 살짝 걸터앉은 사람들로부터, 시종일관 서서 지나는 사람들에게까지 인사를 건네는 바쁜 사람으로, 아예 바닥에 앉아 피크닉을 즐기듯 한가로이 잡담과 음식을 즐기는 사람들까지 공존하는 곳이다. 이곳의 사람들은 길과 광장이라는 공공의 공간을 음주와 수다라는 개인적 행위를 식당과 펍이라는 상업행위에 의존해 공유한다. 이들이 구매라는 개인적이고 상업적인 과정을 거쳐 들고 온 맥주, 그렇게 들고 온 맥주를 타인과 나누는 개인적이지만 공동체적인 행위, 그것들을 지나는 모든 사람에게 노출해서 소통의 접촉면을 확대하는 일이 특별한 구조와 과정 없이 벌어지고 있는 공간이다.

이 자발적 광장의 더 큰 장점은, 맥주를 즐기는 청년들만의 배타적 공간이 아니라는 것이다. 그 공간의 중심부를 넓게 차지하고 있는 케이크-아이스크림을 주로 파는 카페는 늘 어린이와 노인들로 붐비고, 이들은 노천에 마련된 의자에 앉아 거리에 앉아 맥주를 즐기는 청년들과 공간을 공유한다. 도시의 많은 공간에서 의도치 않게 분리되곤 하는 유년, 청년, 노년의 세대들이 크게 다르지 않은 행위로, 그렇지만 각자의 필요와 취향에 맞는 방법으로 한 공간에서 시간을 보내며, 서로의 접촉면을 넓히고 있다.

　이 조그마한 자발적 광장은 우리네 도시 공간에도 여러 가지 힌트를 준다. 첫째, 이 자발적 광장은 골목과 골목의 연결점을 단순한 이동의 통로라기보다는 각기 다른 방향에서 진입하는 '공간'이라고 여기는 것에서 시작한다. 골목의 교차지점에는 여러 가지 시설이 있다. 작지만 나름의 교차로에는 좋은 목이 필요한 구멍가게와 편의점 등이 있고, 가까이에는 작은 놀이터나 벤치가 놓여있곤 한다. 이런 지점에서 사적 공간인 상점과 공공공간인 길이 희석되면, 차량의 속도를 낮출 수 있음과 동시에 궁극적으로 차량 통과의 빈도를 줄여갈 수 있다. 처음에는 길에 들어선 거추장스러운 구조물로 여기던 사람들도, 그것들이 자신의 필요와 취향에 맞는다면 어느 순간 공공공간을 점유한 그 사유물을 길에서 경험하며 시간을 들인다. 그렇게 상점 외부에 내놓은 작은 테이블과 장식물, 그리고 다양한 상품은 사람들의 걸음 속도를 늦추는 역할을 하며, 길을 직진 이동을 위한 '선'이 아닌 시간을 들여 머물고 시선을 소비하는 '면'의 공간으로 만든다. 또한 그 상점 앞의 사람들과 놀이터나 휴게 벤치의 사람들이 물리적으로 연결됨으로써 사적 공간과 공공공간의 연장이 이루어진다. 이 작은 융합 공간은 자발적인 광장으로 확장될 잠재적 공간이 된다.

| 이상적 공간의 조건: 저녁이 있는 도시 |

현실적으로 이와 같은 골목의 작은 광장은 환상에 가깝다고 말할 수도 있다. 상점 앞에 너저분하게 쌓여있는 음료수 박스와 어디 가도 똑같은 연예인 모델의 광고 전단, 상품의 가격을 알리는 너저분한 숫자들, 서로 먼저 가려고 엉켜있는 차들과 그 사이를 비껴가는 행인들의 무심한 표정, 담배꽁초 수북한 놀이터를 점령한 가까이하고 싶지 않은 중고등학생을 떠올리고 나면 더욱 그렇다. 그래서 우리는 종종 이러한 공간을 정비하기 위해 공공기관에 의존해왔지만, 그에 대한 답은 지키지도 않는 온갖 금지와 경고의 플래카드로 더 삭막해진 골목을 경험한다.

이러한 경험을 갖고 있는 사람들에게 골목의 자발적 정비와 개인의 도덕적 선의에 입각한 환경미화, 차량 운행 제한을 기대하는 것은 무의미하다. 그렇다고, 공공의 힘을 이용하여 끊임없이 단속과 계도만으로 만들어질 수 있는 자발적 광장도 아니다. 우리가 골목길 작은 광장을 만들지 못하는 이유는 상점의 디스플레이가 너저분해서도, 차량이 우리를 귀찮게 해서도, 어디로 튈지 모를 청소년이 두려워서도 아닌지 모른다. 우리의 골목이 그렇게 된 이유는 우리네의 일상이 너무 바빠서 그것들에 참견할 여유가 없어서이기도 하며, 경쟁이 너무 심해 남들 다 파는 물건 한 푼이라도 싸게 내놓아 좁은 임대공간에서 하나라도 더 팔아야 하기 때문이기도 하며, 학교에서 가정에서 아이들에게 만들어놓은 사회적 궁지이기 때문이기도 하다. 도시공간의 모습은 '저녁이 있는 삶'과 같이 우리의 삶의 근본적 조건들이 바뀌기 전에 대단한 변화를 기대하기 어렵다. 그런 의미에서 유럽의 도시공간을 미적으로 기능적으로 이상화하여 설명하는 것을 저어하게 된다.

| 구시청과 신시청 |

브르노 구시가에는 두 개의 시청 건물이 있다. 하나는 구 시청으로 1240년에 지어져 1935년까지 시청으로 사용된 건물이다. 동화에서 나올 것 같은 높은 첨탑, 건물 겉면에 장식된 구부러진 고딕 장식은 조각가가 잔금을 못 받아서 일부러 그랬거나, 술에 취해 제대로 만들지 못해서 그렇게 되었다는 농담이 내려오는 브르노의 오래된 랜드마크이다.

구시청사의 구부러진 고딕장식

다른 하나는 현재 시청으로 사용되고 있는 신 시청인데, 신청사라고 부르기 무색하게 13세기 무렵 수도원으로 시작되었던 건물을 여러 번의 개조 끝에 1935년부터 시청으로 사용하고 있다. 신 시청 가운데는 적막하리만큼 조용한 큰 중정이 있다.

신시청의 중정

 이 두 개의 신구 시청에는 한 가지 공통점이 있다. 두 곳 모두 두 개의 길을 연결해주는 통로의 역할을 해주고 있다는 점이다. 특히 신 시청의 경우 구시가 중심과 외부를 연결하는 입구의 역할도 하는데, 전혀 다른 성격의 두 공간을 손쉽게 오갈 수 있는 중요한 지름길이다. 신 시청의 구시가 입구는 구시가 자유광장으로 곧바로 다다르게 되어있고, 반대쪽 입구는 브르노의 두 가지 국립 모라비아 갤러리와 브르노 필하모닉이 자리 잡고 있는 고즈넉한 길로 이어진다. 그리고 그 길은 곧바로 슈필베르크 성에 이르는 산사면과 마주한다. 앞서 설명한 것처럼, 미로처럼 연결되어있고, 건물들이 벽처럼 늘어서 있는 유럽 귀가 특유의 공간에서 이런 구멍 통로는 공간 이동을 편하게 해주는 것은 물론, 동선을 다양하게 만들어 준다. 그리고 시청이라는 가장 중심적인 공공기관은 그 통로를 통해 공간 서비스를 제공한다.

걸음이 만드는 이야기

지금까지 브르노 구시가와 그 주변으로 펼쳐있는 베베지 구역을 중심으로 브르노의 도시공간소통의 모습을 들여다보았다. 공간이 네트워크의 노드를 형성하고 사람들은 대중교통으로부터 이 각각의 자연스러운 흐름으로 노드 사이를 이동해 가면서 도시의 맥락, 즉 링크를 만든다. 그리고 네트워크를 새롭게 넓혀가면서 도시공간소통에 지속성을 가지고 온다.

> "그들의 이야기는 이 길바닥에서 걸음과 함께 시작된다. 걸음은 무수한 이야기의 시리즈를 만들지만, 어떤 작가에 의해 만들어진 것은 아니다. 그 걸음은 수량화할 수 없다. 각각의 걸음이 각기 다른 질적 성격을 갖고 있기 때문이다 … 그 거대한 덩어리는 개별 걸음의 셀 수 없이 많은 집합들이다. 그 뒤엉킨 동선은 그 공간의 모양을 만들어낸다. 그 걸음들은 공유하고 있는 장소를 함께 천을 짜듯 만들어낸다. 이런 식으로, 보행자의 움직임은 '그 존재로서 한 도시를 실질적으로 구성하는 진정한 시스템'을 구성하는 것이다. 그 걸음은 공간 속에 위치하는 것이 아니다. 그 공간이 공간화될 수 있게 만드는 것이 바로 걸음이다." [미셸 드 세르토, p.97]

이렇듯, 걸음은 어떤 특정 공간의 의미를 부여하거나 바꾼다. 즉 의미를 형성하는 행위라는 것이다. 브르노 베베지 구역에는 다양한 대중교통 수단으로 다양한 정류장을 통해 여러 동네의 사람들이 모여들고, 이렇게 모인 사람들은 여러 방향으로 동선을 형성하며 공간을 점유해간다. 이러한 다양한 노드와 링크가 만들어내는 네트워크 조합은 베베지 구역을 '캠퍼스 타운', '시장' 혹은 '카페촌' 등 의미가 매 순간 변화되는 다이내믹한 공간으로 만든다. 관광지로 그 공간 자체가 소비되거나, 상점들의 집합으로 소비행위가 유일한 목적이 되는 구시가가 아닌, 제각기 다른 방향에서 들어온 사람들이 서로 교차함으로써 그 공간적 성격이 끊임없이 바뀌는 브르노의 구시가는 걸음이 만들어낸 이야기가 되는 것이다. 무엇보다 중요하게, 이 구시가를 들어오는 입구 역할을 하는 주변의 구역들이 구시가로의 자연스러운 걸음의 흐름을 만들어내고 있다는 점이다. 이런 구성에서 사람들은 차량에 대한 의존을 줄인다. 그렇게 차량 의존도가 줄어들면 보행 환경은 더욱 쾌적해진다. 그리고 구역과 구역 간의 경계가 사라지고, 그 흐름 위에 또 새로운 공간들이 지속해서 창출됨으로써 지속적인 의미의 생산과 유통을 유지해 갈 수 있다.

브르노의 모든 지역이 이러한 성격을 공유하고 있는 것은 아니다. 구시가의 남-동 방향에 인접한 두 구역은 사회계급적으로 인종적으로 분리가 되는 경향을 띤다. 이러한 구역과 구시가는 시각적으로나 구조적으로 경계를 만들어 낸다. 그리고 사람들은 점프하듯 그 경계를 지나쳐 구시가로 들어온다. 이러한 사례는 미국의 대부분 도시에서 쉽게 찾아 볼 수 있다. 다운타운과 그 배후를 지원하는, 슬럼이라 불리는, 값싼 노동력의 거주지는 명확한 경계를 이루고, 그 뒤편에서 다운타운으로 진입하는 사람들은 그 슬럼을 건너뛰고 통과할 수 있는 빠른 교통수단과 구조를 요구한다. 그렇게 도시는 더욱 분리되고, 걸음과 같은 느린 수단은 선택지에서 사라진다. 그런 도시는 정해진 문법에 충실히 따르는 소비자를 필요로 할 뿐, 도시 공간의 새로운 문법을 창조하는 보행자는 환영하지 않는다. 이는 도시 공간의 의미가 지속 가능하게 생산되고 유통되게 만들기 위해서 좀 더 열심히 걷자는 개인적 의지에 의존할 수 없다는 것을 시사한다. 도시공간에서의 우리 걸음, 그 행위를 통한 소통과 의미의 생산은 도시의 구조, 그리고 그 구조의 기저를 이루는 사회경제적 환경에 의해 좌우된다.

| 도시공간소통의 양념 |

 브르노의 베베지와 구시가가 그 구조적 특징과 사람들의 다양한 사용법으로 도시공간소통의 좋은 사례로 소개되었지만, 구조와 사람 이 두 가지 요소만으로 걸음과 소통을 북돋기에는 어딘가 부족한 면이 있다. 특히 이러한 구조와 사람이라는 요소는 그 지역에 오래 살아온 주민들에게는 효과적으로 적용되어 공간 소통을 촉발할 수 있을지는 모르지만, 그곳을 찾은 낯선 이에게는 인지되기 쉽지 않은 요소이기도 하다. 그러다 보면 결국 이 특정 도시의 공간 소통은 주민들만 한껏 즐기는 배제적 소통으로 전락할 수 있다. 이곳을 찾은 낯선 이도 소통에 참여할 수 있게 만드는 요소는 아마도 이들도 귀를 쫑긋 세울 수 있고, 그 관심에 발걸음을 옮길 수 있는 이 도시만의 이야깃거리들일 것이다. 여타 유럽의 오래된 도시들과 비슷하게 브르노에도 중세 시대부터 전해오는 전설과 여전히 존재하는 공간이 갖고 있는 역사적 흥밋거리, 그리고 권력과 전쟁 등의 거시적 이야기로 점철된 오래된 성당과 성과 기념물들을 둘러싼 이야기로 가득하다.
 프라하의 천문시계가 유명하듯이 브르노에도 유명한 천문시계가 있다. 하지만 그 생김새는 사뭇 다르다. 이 시계는 올드리치 루이브르Oldřich Rujbr와 뻬터 카메닉Petr Kameník이라는 두 체코 예술가에 의해 만들어졌고 "Multifunctional Clock Machine"라는 공식 명칭이 있다. 짐바브웨의 검은 화강암 재질의 이 작품은 1645년에 있었던 스웨덴과의 30년 전쟁에서 이긴 기념으로 2010년에 만들어졌다. 브르노를 포위한 스웨덴군이 만약 정오까지 브르노가 포위 공격을 막아낸다면 물러나겠다는 호언을 했고 영민한 종지기가 11시에 종을 울려 스웨덴군이 물러나게 하였다. 이런 이야기에 따라 이 시계는 오전 11시간 되면 멜로디와 함께 브르노의 상징색을 가진 유리공을 떨구고 사람들은 이 공을 잡을 수 있다. 이런 역사가 담긴

이야깃거리에 보통의 시계와는 사뭇 다르게 남근을 연상시키는 조형미 때문에 더욱 사람들의 입방아에 오르고 관광객들은 이 앞에서 연신 셔터를 눌러댄다.

브르노 천문시계, Multifunctional Clock Machine

　브르노 야채시장 Zelný trh의 지하미로 Labyrinth Under the Vegetable Market는 어떻게 중세 사람들이 음식과 맥주와 와인을 저장했는지 단서를 준다. 만들어진 지 천년이 된 지금도 신선한 야채를 브르노 시민들에게 공급하는 브르노 야채시장은 올드타운의 시청과 성 피터 파울 성당 Cathedral of St. Peter and Paul 사이에 있다. 그리고 이 시장 지하에 바로 이 거대한 지하미로가 위치하고 있다. 중세 시대 광장 주변의 주택 지하실에 물건을 저장하다가 공간이 서로 확장되며 연결이 되었고 지금의 복잡한 구조를 가지게 되었다. 2009년까지 십 년 동안 이루어진 고고학적 연구에 따르면 이 지하공간이 저장창고, 감옥, 전쟁 시 대피처, 연금술사의 실험실 등 다용도로 사용되었다고 한다. 신선한 야채와 과일을 도시에 공급하는 전통 시장을 구경하다

계단을 따라 내려가면 잠시 중세로의 시간 여행이 가능하다.

브르노 도심의 성제임스성당 납골당Ossuary at the Church of St James, Kostnice u sv. Jakuba은 유럽에서 두 번째로 큰 뼈 무덤이다. 유럽에서 제일 큰 납골당은 프랑스 파리에 있다. 이 무덤은 13세기 초반부터 조성되어 지금까지 50,000명 이상의 사람이 묻혀있는 것으로 추산된다. 중세에 전 유럽을 휩쓴 빈번한 전염병으로 인해 이 납골당은 빠르게 채워졌을 것이다. 물론 현재는 도시의 확장과 장례 문화의 변화 그리고 위생의 이유로 더 이상 매장되고 있지 않지만, 이곳은 브르노에서 매우 인상적인 장소임에는 분명하다. 삶과 죽음과 도시의 역사를 사람들에게 매우 독특한 방식으로 전달해 주는 장소로 브르노에 이야깃거리를 더하고 있다.

브르노 야채시장의 지하미로 /출처: gotobrno.cz

크리스마스 마켓이 열린 브르노 야채 시장

납골당 사진 /출처: gotobrno.cz

위에서 언급한 천문시계, 신선 시장과 시장 밑의 미로 그리고 납골당은 불과 일이백 미터의 거리를 두고 위치해 있다. 자동차로 이동하며 관광하기 불편한 구 도심에 위치하고 있기에 관광객들은 도보로 도시를 이동하게 되고 이러한 이야기들은 잘 꾸며진 다른 관광자원과 연결되어있어 구 도심은 낯선 이들에게도 금방 익숙한 공간이 된다. 사진 이미지를 중심으로 한 소셜미디어들에는 이러한 관광지의 멋들어진 사진들이 많이 공유되고, 그렇게 공간의 이야기는 공간 밖으로 또 재생되어 확장된다. 하지만, 이러한 '관광자원'은 주로 구시가 중심으로 집중되어 있다 보니, 도시를 찾은 낯선 이의 동선을 오히려 한정시키기도 한다. 그래서 도시공간소통의 이야깃거리에서 더 관심을 갖는 것은 일상의 생활공간 속에 있는 이야기이다. 지역주민의 일상 동선 곳곳에 숨어있는 이야깃거리는 낯선 이를 일상으로 초대하고, 그렇게 낯선 이와 오래된 주민들은 접촉면을 넓혀가며 이해의 폭을 늘려간다.

이 책에서 소개하듯, 몇몇 관광 명소를 중심으로 오래된 이야깃거리가 전해지고 있지만, 이렇듯 관광지로 대상화된 공간의 이야깃거리는 입구의 안내판이나 관광안내 책자에 오히려 갇혀지는 경향이 있다. 그렇게 더 이상 현재의 우리와 소통하기보다는 박물관의 전시물 같은 고정된 이야깃거리로 남게 된다는 것이다. 그래서 도시공간의 이야깃거리, 즉 현재의 우리와 소통하는 이야깃거리는 보통 지금도 쓰이는 공간과 시설로부터 오곤 한다. 브르노에서도 기록과 흔적이 남아있는 근대의 기억은 좋은 소재가 된다.

| 도시의 기억: 샬리나 |

　브르노의 도시공간에는 몇 가지 다른 종류의 근대가 공존하고 있다. 이들이 기억하며 이야기를 만드는 두 가지 근대가 있는데, 19세기 중 후반 산업 혁명 이후의 급속한 도시화의 기억과 20세기 초반 풍요로웠던 도시의 기억이다. 역시 산업혁명기의 도시 발전은 교통기관의 등장이 중요한 이야깃거리가 된다. 1838년 당대 최대 강국 중 하나였던 합스부르크의 수도 비엔나와 그의 위성도시와 같은 역할을 하던 브르노 간에 철도가 부설되었고, 그때 지어진 기차역은 세계 최초의 기차역 중 하나가 된다. 브르노의 기차역은 이 도시의 근대에서 현대에 이르는 모든 이야기에서 중심과 입구를 차지하며 그 공간의 성격을 형성해왔다. 이런 오래된 역사 덕분인지, 요즘은 더럽고 누추하기로 악명이 높지만, 여전히 도시의 관문의 역할을 충실히 하면서 강렬한 인상을 전달하며 도시 내의 논쟁거리로 남아있다.

역 앞 광장에서 바라본 기차역

이 당시 등장한 또 하나의 기간 교통망은, 지금도 브르노 대중 교통망의 핵심을 이루는 트램이다. 근대 이후 브르노에서 트램이 일상 공간에서 차지하는 의미가 졷대적이다 보니, 여러 가지 이야깃거리가 형성되기도 하는데 그중 하나가 브르노에서만 쓰이는 트램을 지칭하는 말 '샬리나Šalina'이다. 오스트리아 헝가리 제국에 속해있던 브르노는 현재 체코 지역에 해당하는 곳 중 최초로 1869년에 트램 시스템이 설치된 곳이었다. 당시에는 고정된 트랙에서 달리지만 말이 끄는 형태였다고 한다. 이후 증기 트램을 거쳐 1900년에 현재와 같은 전기 트램 시스템이 도입되었다. 아직 오스트리아 헝가리 제국에 속해있던 당시 브르노의 인구구성 중 주류를 차지했던 사람들은 슬라브계가 아니라 게르만계였고, 독일어가 주로 사용되는 지역이었다. 체코에는 이렇듯 게르만계 주민이 다수를 이루던 도시들이 여럿 있었는데, 주로 브르노 같은 산업도시나 현재의 독일, 오스트리아와 국경을 맞대고 있는 도시들이다. 이러한 도시들을 주덴텐란트Sudentenland라는 독일어로 부르는데, 2차대전 직전 독일이 합병할 때의 명분이기도 했고, 전후 게르만계 주민을 독일, 오스트리아 등지로 추방한 비극적 역사의 현장이기도 했다. 현재까지도 당시 게르만계 주민들에 대한 재산 반환을 둘러싸고 종종 논쟁이 벌어지기도 한다.

이때 이 전기 트램을 지칭하는 독일어는 말 그대로 '전기로 움직이는 라인'이라는 뜻인 '디 엘렉트리쉐 리니에Die Elektrische Linie'였는데, 음운적으로 다소 긴 이 말의 일부 '쉐 리니에Sche linie'가 줄임말로 사용되면서 음운의 변천을 거쳐 '샬리나'라는 말로 정착된 것이다. 현재 트램은 노면전차, 경전철 등 설명적 단어로 사용되는 일부를 제외하고는 세계적으로 통용되고 있는 단어이며, 프라하 등 다른 체코 도시에서도 마찬가지이지만, 브르노에서만큼은 샬리나로 불리고, 브르노 트램 안에 비치된 잡지 제목 역시 샬리나이다. 이렇듯 브르노 도시 공간의 가장 근간을 이루고 브르노가 근대 도시의 모습을 갖추며 팽창하던 시기를 가장 상징적으로 표현하는 트램의 이름을 둘러싼 이야깃거리는 대중교통을 중심으로 형성된 이 도시의 리듬도 간접적으로 전해준다.

| 도시의 기억: 기능주의 |

초기 근대 산업혁명 시기의 급속한 산업 발전의 기억에서 형성된 근대 도시의 모습이 이야깃거리로 현대의 사람들과 소통하지만, 브르노에서 흔하게 볼 수 있는 기능주의 건축물이 브르노 일상 공간의 이야깃거리의 중심을 이루고 있음을 부인하긴 어렵다. 기능주의Functionalism는 '건축은 그 건물의 목적에 맞게 디자인되어야 한다.'는 간명한 명제를 가지고 있다. 이 1920년대 근대건축 사조는 1차 대전과 2차 대전을 통해 유럽과 미국 등지에서 꽃피웠던 형식이다. 우리는 주로 독일의 바우하우스 계열 건축과 디자인의 전통으로 배워왔고, 실제로 독일, 체코, 네덜란드와 북유럽 건축에서 가장 흔하게 볼 수 있다. 2차 대전 이전까지 독일계 도시였던 브르노에서 이 양식이 활발하게 도입된 것은 우연이 아니다. 장식적 조형미가 곁들여진 아르 누보Art Nouveau, 독일식 표현으로 유겐트슈틸Jugendstil 양식으로 화려한 고전과 근대의 건축이 교차한 후, 고도 생산의 산업사회를 상징하는 효율성으로 무장한 기능적 건축으로 바우하우스 건축이 전성기를 맞이한 것이다. 1차 대전의 종전과 함께 비로소 근대국가로서의 독립한 당시 체코슬로바키아는 이전 합스부르크와 오스트리아 헝가리 제국 당시 갖고 있던 산업혁명기 시설들을 그대로 유지 발전하여 전무후무한 경제적 번영을 맞이했던 때이기도 하다. 이렇게 역사 사회적 조건이 맞아떨어지면서

체코 제2의 도시이자, 독일계 도시, 그리고 방적, 기계 산업의 중심지이자, 교통의 요충지인 브르노는 체코 기능주의 건축의 중심이 되었다.

사실 사람들은 처음 기능주의 건축물을 접하면 시선을 오래 두지 않는다. 흔히 떠올리는 바로크와 고딕 그리고 아르누보의 화려한 건축물들 사이로 삼각자와 컴퍼스로만 설계한 듯 똑바른 선과 원으로만 이루어진 딱딱한 건물은 이제 낡기까지 해서 5-60년대 퇴락한 상가 건물이 떠올려버리게 되는 그 외관에 별 호감을 느끼지 못하는 것이다.

그런데, 브르노에는 좀 독특한 유네스코 문화유산이 하나 지정되어 있다. 문화유산이 잘 보존되어있는 체코에는 도시 전체가 유네스코 문화유산으로 지정된 도시들을 비롯해 많은 유네스코 사이트가 있는데, 브르노의 이곳은 그 중 유일하게 근대 이후에 건축된 건물 하나로 지정을 받았다. 빌라 투겐다트Villa Tugendhat라는 이름의 유태계 섬유 자본가인 투겐다트 가의 저택이 바로 그곳인데, 이 건축물이 바로 기능주의 바우하우스 양식의 대가인 미스 반 데어 로에Mies van der Rohe의 작품으로 유네스코 문화유산으로 지정될 만큼 그 형식미와 보존 상태가 뛰어나다. 이 명소는 항상 방문자로 북적이는데 특히 인터넷으로 예약을 한 사람만이 시간에 맞추어 방문을 할 수 있다. 홈페이지 http://www.tugendhat.eu/en/를 보면 방문하려는 사람은 3-4개월 전에 미리 예약을 하고 만약 5명 이상의 그룹일 경우 그 이전에 예약하는 것이 좋다고 나와있다.

미스 반 데어 로에의 전형적인 철근콘크리트 형식의 작품으로 모더니즘의 아이콘이라 할 수 있다. 투겐다트 부부를 위한 총 세 개 층으로 이루어진 단독주택은 브르노 시가지를 한눈에 내려다볼 수 있는 부촌에 위치하고 있다. 미스 반 데어 로에가 처음 한 얘기가 아니라는 말도 있지만 "Less is more", 즉 "적은 것이 많은 것이다." 혹은 의역하여 "단순한 것이 더 아름답다."라는 말은 미스 반 데어 로에의 건축에 오롯이 나타난다. 이 단독

주택은 이러한 철학이 그대로 담겨있다. 건물의 모든 요소를 직접 디자인하여 문고리부터 시작하여 냉난방까지 모든 것에 건축가의 철학이 담겨있다. 집 안에 장식을 위한 예술작품이나 벽화 하나 없지만, 건축가가 설계한 유리, 콘크리트, 철과 나무의 어우러짐 자체가 하나의 작품이 된다. 가구나 공조 시스템도 집에 맞게 디자인되어 뭐 하나 더하거나 뺄 수 없는 완벽에 가까운 상태이기에 세계문화유산으로 손색이 없다. 1928년에 건축을 시작하여 1930년도에 완공한 집이지만 완벽한 에어컨 시스템을 갖추었고 브르노를 내려다보는 메인 창문은 자동으로 개폐가 된다.

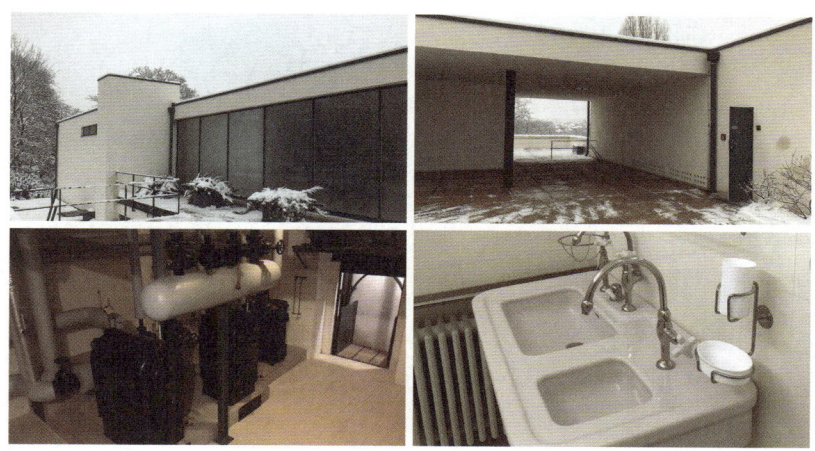

빌라 투겐다트 _Villa Tugendhat

빌라 투겐다트라는 관광자원은 외지인에게 기능주의 건축이라는 브르노의 이야깃거리에 관심을 가져다준다. 그렇게 천천히 그 이야기의 선을 따라가다 보면 몇몇 건물 앞 길바닥에 하얀 페인트로 새겨진 글자가 눈에 들어온다. '브르노 건축 매뉴얼Brno Architecture Manual, BAM'이라는 프로젝트에서, 브르노의 기능주의 건축물 앞에 새겨놓은 웹사이트 주소http://bam.brno.cz

인데, 접속해 들어가 보면 해당 건축물에 대한 사진과 설명 등을 볼 수 있다. 이 사이트는 건축물을 병렬적으로 소개하는 것이 아니라, 브르노의 구역별로 분류해 지도와 함께 정보를 제공하고 있어, 정보들이 다소 전문적임에도 불구하고 훌륭한 건축 투어 가이드가 된다.

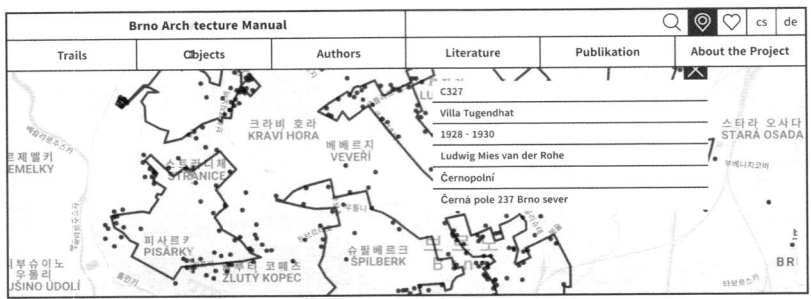

Brno Architecture Manual

1920년대에 체코슬로바키아의 경제 부흥기에는 체코 사람들이 종종 '제1공화국 스타일'이라는 표현을 쓰면서 기억하는 체코의 번영기를 상징하는 건축물들이 지어지기 시작한다. 인구증가와 주거지의 확대를 경험한 브르노 곳곳 주택가에는 이 시대에 지어진 기능주의 주택들이 있다. 이런 주택은 우리나라의 여전 잠실 1단지부터 5단지로 대표되는 '주공아파트'의 원형과 같은 형태를 가지고 있다. 이런 공동 주택뿐만 아니라 당시에는 교회 건축도 이 양식을 따르곤 했는데, 당시 지어진 교회들이 반듯한 선형의 스테인드 글라스와 첨탑으로 장식된 채 주택가에 자리 잡고 있다. 이러하다 보니, 브르노의 기능주의 건축이라는 이야깃거리는 낯선 이를 도시 일상의 공간으로 이끈다.

BAM BRNO 표시

1932-1934년에 지어진 바우하우스 양식의 브르노의 성 아우그스티누스 성
(Kostel svatého Augustina)(Kostesvatého Augustina)

관광객이라곤 찾아볼 수 없는 조용한 주택가의 거리에서 이런 모뉴먼트 같은 건축물들을 만나는 것은 행운이다. 이것들이 지어진 시기는 1차 대전 이후 무너진 오스트리아 헝가리 제국으로부터 독립하여, 역사상 최초로 체코라는 민족의 국가를 슬로바키아의 사람들과 함께 건설한 시절이다. 그리고 유럽의 한 가운데라는 지리적인 특성과 우수한 기계, 화학 등 공업 기술에 기반한 고도성장으로 호황을 누렸던 찬란하지만 짧았던 1공화국의 기억이 숨어있다. 또한 게르만과 땅과 역사를 공유하던 수백 년의 역사가 고스란히 남아있으며, '게르만 계 도시'인 '브륀'의 기억도 엿보인다. 이것들이 이 기능주의 바우하우스 건축물들의 대단히 근대적이고 효율적인 모습 속에 남아있어 이 도시공간에서 이야기의 소재가 된다.

그렇게 사람들은 걸으며, 공간과 소통하며, 이야기를 남기며, 그 이야기의 후편을 또 따라간다. 2차 대전 당시의 나치 독일의 점령, 탄압, 독일 패망 후 게르만계 주민의 추방, 그로 인한 인구의 대이동과 대변화, 공산당의 집권까지 이야기를 따라 올라간다. 그리고 시내 올드타운 옆의 슈필베르크 성에 오르면 멀리 브르노 외곽을 둘러싸고 있는 거대한 콘크리트 덩어리인 고층 아파트군을 보면서 근대전체주의 개발독재의 무시무시했던 기억도 이야깃 거리로 보관한다. 무엇이든 쉽게 부정하고 없애 버리지 않는 도시 브르노는 이렇게 켜켜이 이야기를 담아 후세에게 자신을 시각화한다.

| 도시의 기억: 브르노 바우하우스 클러스터 |

스호도바 계단

 물론 브르노 바우하우스 클러스터라는 이름의 지역은 없다. BAM에서는 기존의 행정구역을 중심으로 브르노 기능주의 건축물 지도를 만들었을 뿐이다. 하지만 브르노에서 가장 인상적인 기능주의 건축물들을 쉬운 동선으로 볼 수 있게 정리를 해 놓았다. 여긴 브르노의 체르나 폴레 지역 중 루잔키 공원 옆 언덕 사면에 오르면 다다를 수 있는 곳으로, 앞서 소개했던, 베베지 동쪽 구역과 걸음의 흐름이 연결된다. 트램을 이용해서 다다를 수도 있지만, 루잔키 공원을 통해서 브르노의 유명한 스호도바Schodová 계단을 따라 걸어 오르면 브르노 구시가와는 또 다른 느낌의 19세기 말 중유럽 도시의 정취를 느낄 수 있다. 빌라 투겐다트가 그곳에 자리 잡고 있고, 주변으로는 부유한 동네답게 당시 유명한 건축가들이 지은 멋진 주택을 연이어 볼 수 있다. 계절마다 주민들이 가꾸어 놓은 정원은 건축과 더불어 거대한 공원에 온 듯한 느낌을 주기도 한다. 이곳에서 조금 걸어가 멘델대학교 쪽 트램 정류장을 지나가면 문화재로 보호되고 있는 카페 ERA가 자리 잡고 있다. 얼핏 보면 요즘 가장 유행하는 듯한 반듯하고 세련된 건축물에 들어서 있는 카페인데, 오로지 기하도형 만으로 설계하여 가장 아름다운 조합의 조형적 요소를 보여줄 태세이다. 곡선의 계단과 완벽한 대칭의 근대 빈티지 테이블의 배치가 빨갛고 파란 원색과 극적으로 조화된 곳이다. 비록 시내 중심에서는 조금 떨어져 있지만, 베베지 동쪽 구역을 거쳐, 루잔키 공원이라는 일종의 중앙공원을 건너, 계단을 올라 빌라 투겐다트의 영광스러운 자태를 보고 나면 이곳까지 자연스레 동선이 이루어져 브르노 일상 공간의 깊은 곳에 다다르게 된다.

Brno Architecture Manual

이렇듯, 브르노의 기능주의 건축은 우리가 유럽에서 흔히 기대하는 중세, 근대의 화려함의 이면에 있는 근대의 모습을 보게 해준다. 자칫 근대의 '비슷비슷함'으로 인하여 소통의 소재에서 배제될 수 있었던 이 건축물들이 동네의 더 깊은 구석으로 사람들의 걸음을 이끌고 있다. 화려한 역사관광지의 일률적인 동선을 화려함이라고는 찾을 수 없었던 이 건축물이 다양하게 만들어 준 셈이다. 거기에 덤으로 이들의 짧지만 강렬했던 근대 번영의 기억을 함께 나눌 기회까지 얻는다. 브르노의 기능주의 건축물이 집중적으로 모여있는 곳 중 하나가 기차역 부근이다. 책 후반, 브르노의 경계 공간으로 소개될 이곳의 대표적 기능주의 건축물로 브르노 중앙 우체국이 있는데, 주변의 어수선함에 더불어 개축도 정비도 하지 못한 이 우체국 건물은 흉물에 가깝지만 기능주의 건축, 공공시설의 효율적 인테리어의 사례로 여전히 소개되며 자리 잡고 있다. 이 건물 안에는 문 없이 끊임없이 돌아가 지나갈 때면 훌쩍 뛰어올랐다가 목적한 층에서 훌쩍 뛰어내려야 하는 프라터노스터(묵주라는 뜻)라는 엘리베이터가 아직도 운행되고 있다.

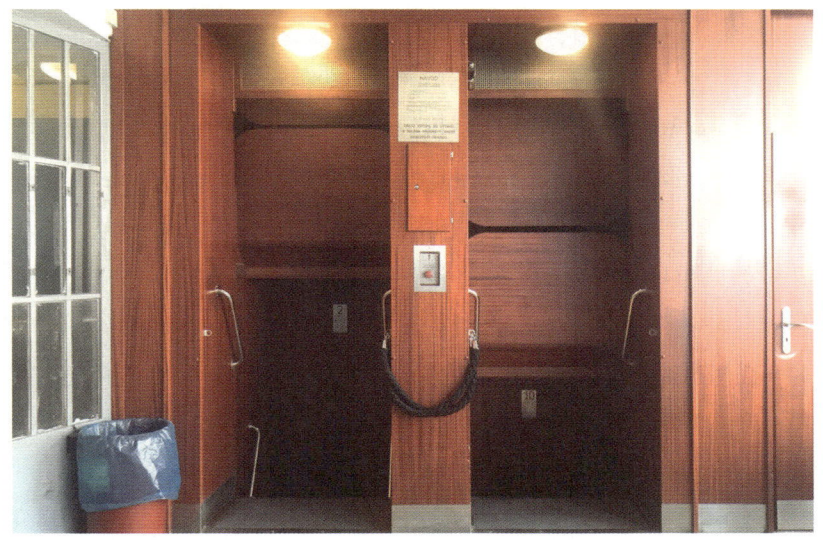

끊임없이 돌아가는 우체국의 엘레베이터

| 도시의 기억: 지역 예술가 |

중앙 우체국과 여타 기능주의 건물을 볼 때면, 한국의 원도심재생과 관련한 여러 가지 사례들이 떠오른다. 사실 원도심 재생이라는 개념도 제대로 소개되기 이전, 한국의 근대 파란만장한 기억을 장소로 공유할 수 있었던 많은 건물과 골목은 재개발이라는 이름으로 사라졌다. 그 자리에는 거대한 빌딩과 여느 쇼핑몰에서 볼 수 있는 상업시설이 판박이처럼 들어섰다. 그 건물의 거대함으로 인해 사람들의 동선은 한두 가지로 축소되고 획일화되었다. 건물이라는 구조가 요구하는 대로 걷는 사람들은 그 속에서 마주하는 사람들과 의미와 드라마를 구성하지 못하고 정해진 수순에 따라 소비하고 점프해 다음 공간으로 넘어간다. 이렇듯, 이야깃거리로 남을 수 있었던 기억의 공간이 개발이라는 이름으로 사라지는 것은 단지 지나간 기억을 잃는 것뿐만 아니라 앞으로 만들 수 있을 잠재적 드라마도 잃게 되는 것이다. 이야깃거리는 과거와 현재 그리고 미래를 이어준다.

그렇게 전달받은 과거를 현재와 미래로 이어가는 사람들의 모습은 브르노 도처에서 보이는 정체성 충만한 카페와 레스토랑으로부터 발견할 수 있다. 브르노에서 활동하는 마르틴 흐르디나Martin Hrdina라는 건축-인테리어, 그래픽 디자이너가 작업한 다수의 카페와 레스토랑 등의 공간이 바로 그것이다. 이 공간들은 사람들의 이동이 많은 구시가와 베베지 구역은 물론 브르노 시내 구석구석에 자리 잡고 있다. 이 공간들은 그래픽 디자인과 접목된 미래적이며 조형적인 인테리어 디자인이 과거로부터 전해온 빈티지 가구, 소품들과 어우러져 있는 특징을 갖고 있다. 특히 마사릭 대학교 사회대 뒤편, 교육-의료 복합 건물로 사용되고 있는 바우하우스 기능주의 건축물 1층에 들어서 있는 카페 아틀라스Café Atlas나 올드 브르노에서 구시가 시장 광장으로 올라오는 작은 골목 모퉁이에 자리 잡고 있는 카페 텅스램 Café Tungsram은 이러한 과거 - 현재 - 미래의 조합을 잘 보여준다. 최근에 브르노 구시가에 오픈한 베트남 쌀국수 식당 한 곳 역시 흐르디나 디자인 작품이다. 베트남 전통적인 요소가 부담스럽지 않을 만큼 현대 산업 디자인과 결합한 이곳은 무엇보다 쌀국수의 맛이 뛰어나다. 다행스럽게도 흐르디나가 디자인한 레스토랑과 카페는 예외 없이 훌륭한 음식과 커피 등의 음료와 좋은 서비스를 제공하고 있다. 좋은 공간을 디자인하는 것과 훌륭한 식음료 서비스를 제공하는 것은 프로세스상으로 크게 다르지 않기 때문일 것이다.

달리 생각해보면 한 건축 인테리어 디자인 회사가 디자인한 카페와 레스토랑이라는 단순 포트폴리오로 치부될 수 있는 공간들이지만, 이것들이 '브르노 지역 디자이너' 그리고 '브르노에만 있는 동네 가게'라는 의미와 연결되면 사뭇 흥미로운 도시의 이야깃거리가 된다. 게다가 이러한 유니크한 가게들은 전 세계 어디에나 있는 스타벅스, 코스타 커피 같은 커피점이나 맥도날드, 버거킹, 피자헛 같은 패스트푸드점에 비해 훨씬 지역 경제에 긍정적 영향을 미친다. 이에 더하여, 체코의 영광스러운 산업 발전의 중심지라는 정체성을 강조하고, 동유럽 최대 산업전시장 덕분에 연중으로 개최되는 각종 미래지향적 산업과 디자인 전시의 산실이라는 점을 덧붙이면 지역 - 산업 - 디자인의 정체성이라는 당대의 발명된 전통이 형성되는 것이다. 그리고 이러한 카페나 레스토랑들이 동네 가게의 소중함, 사회적 기업과 협동조합, 공정 무역, 환경과 생태를 고려하는 소비의 중요성 등을 고려하는 사람들이 특히 더 많이 모여드는 공간의 역할을 한다는 점에서도 높이 평가해야 한다.

영국의 역사학자 에릭 홉스봄은 근대국가의 형성 이후 국가 의식과 민족주의를 고양하는 방편으로 과거의 것이라 칭해지는 전통 중 많은 것이 최근에 '발명'된 것이라 지적했다. 우리네 도시에는 이러한 것들로 가득하다. 전통 미술, 음악 등의 예술도 현대의 기술과 결합하지 않고는 재현이 힘들고, 국보와 보물로 지켜지는 것 중에도 최근에 발명되고 재정의된 전통들이 존재하며, 과거부터 계속 먹어온 음식으로 알려진 전통 음식도 사실은 최근에 새로운 재료와 기술이 결합되어 발명된 음식인 경우가 비일비재하다. 우리는 그렇게 소비된 과거를 전통으로 삼으며 정체성을 구성한다. 하지만, 일상에서 지속적으로 사용되며 과거와 현재가 이어진 것은 찾기 힘들다. 즉 우리는 전통을 정체성으로 삼는 것이 아니라 전통이라고 믿는 것, 혹은 전통으로 삼고 싶은 것에 의해 정체성이 확립된 것이다. 유리 벽 안에 전시되고 전통문화행사에서 연중 한두 번만 시연되는 그 전통을 정체성으로 삼으라고 가르치는 현실의 부조화는 전통이 단지 소비되는 상품에 머무르게 만든다.

카페 아틀라스

반면, 우리의 상식에서 대단히 전통적이지 않지만, 사람들이 지역 도시의 과거, 현재, 그리고 미래를 지속적인 소통을 통해 재정의하고 공유하는 공간은 진정한 의미의 정체성을 발명할 수 있는 생산적 전통이 될 수 있다. 하지만 우리는 다른 유사 전통은 지키고 복원하며 자긍심을 느끼면서, 이런 공간을 없애는 데에는 과감한 것인가.

모라비아 뮤지움의 Panelland 기획전 _1970-80년대 사회주의 생활을 기록함

4장 | 말하는 도시를 위하여

| 공동체 미디어 |

앞서 도시공간소통이라는 개념이 근거로 삼고 있는 도시의 성격이 공동체 미디어와 같다고 설명했다. 표준화된 생산으로 잘 만들어진 정보와 상품을 한 방향으로 판매하는 상업 미디어와는 달리 공동체 미디어는 우리의 일상을 담아 일상에서 공유하는 것을 지향하기 때문이다. 공동체 미디어는 손쉽게 접근할 수 있어야 하고, 우리 삶의 다양한 측면이 공존해 정보로부터 소외당하는 사람을 최소화해야 하며, 그 정보가 자유롭게 활용되어야 하고, 사람들 스스로가 자신의 이야기를 나누고, 동네의 이야기를 자신의 이야기로 담아 가는 것을 지향한다.

이러한 공동체 미디어의 이상은 도시 공간이라는 미디어가 공간과 사람, 사람과 사람을 이어주는 소통을 어떻게 매개할지 힌트를 준다. 먼저 도시 공간에서 사람의 입과 귀 역할을 하는 걸음을 더 활발하고, 다양하고, 일상적으로 만들 방법으로, 다양한 공간에 손쉽게 접근하고, 여러 종류의 사람이 마주할 수 있는 다양한 공간의 인접성을 이야기했다. 그리고 사람들의 다양한 변주를 통해 공간에 리듬을 주는 복잡하고 흥미로운 동선의 중요성을 강조했다. 마지막으로 공간이 품고 있는 기억과 이야기를 나누며, 낯선 이를 생활공간 안쪽으로 초대하는 이야깃거리에 대해 살펴보았다.

이러한 도시공간소통의 소재가 된 브르노의 사례는 대단히 특별하지 않다. 굳이 비슷한 유럽의 도시들의 예를 들지 않더라도, 우리는 도시 내에서 많이 걷는다. 시내에 놀러 가서도 많이 걷고, 동네에서도 많이 걷는다. 지하철을 타러 가는 길에도 많이 걷고, 데이트하면서도 많이 걷는다. 다만, 걸음의 내용, 즉 사람들의 걸음이 만들고 있는 그 도시에서의 흐름에는 다소 차이가 있다. '시내에 가면 나도 내내 걷는데…', '아침저녁으로 지하철 타러 내가 동네를 얼마나 누비는데..'라는 항변에서 놓치고 있는 부분이 바로 흐름이다. 바쁘고 소비적인 맥락에서 걸음은 목적 지향적이다. 시내의 어느 백화점을 향하는 길, 버스에서 내려 백화점 정문까지는 걸음의 물리적 흔적은 남기지만 그 거리의 새로운 문화와 문법을 형성하지는 못한다. 그저 바쁘게 지나치는 단선적인 문법만 재생산된다. 지하철역을 향하는 사람들, 환승역의 사람들, 지하철 출구 번호까지 머릿속에 꼭꼭 집어넣어 정해진 방향으로 빠르게 이동하는 사람들에게, 지하철역에 인접한 다양한 시설들은 고단한 출근길의 배경화면일 뿐이다. 이러한 걸음의 흐름은 소통이라기보다는 의미가 연결되지 않은 끊어진 음절 같다. 여기에 더해 스마트폰이라는 개인적인 통신 수단을 갖게 된 우리는 걸으면서 주변과 눈을 맞추기보다는 그 걷는 공간의 맥락과 아무런 상관없는 개인적 소통과 정보 소비를 지속한다. 이렇게 고개를 숙인 채 고립되고 개인적인 소통을 진행하는 개인들과 그 옆을 쌩하고 지나가는 바쁜 거리의 사람들이 거리와 광장을 시각적으로 채워감으로써, 우리의 공간 맥락 역시 '분절된 소통의 공간'으로 정의된다. 우리의 걸음은 조금 더 두리번거릴 필요가 있다.

　미국에서는 각종 시설 앞에 'No Loitering'이라는 사인이 붙어있는 것을 볼 수 있다. 이 앞에서 어슬렁거리며 모여있지 말라는 경고인데, 주로 유색인종이나 10대들을 대상으로 하는 사인이다. 배회하는 사람들을 잠재적인 범죄자로 보는 것이다. 또 흔히 'No Trespassing'이나 'No Soliciting'이라는 사인도 자주 보이는데 출입 금지 그리고 잡상인 금지의 의미이다. 때로는 고소하겠다는 문구까지 삽입하는데, 모두 소통과는 거리가 먼 노골적인 배척과 금지의 표현이다.

미국의 경고 사인

 이런 사인들은 우리 사회가 도시공간과 사람에 대해 어떠한 생각을 품고 있는지 단적으로 보여준다. 어슬렁거리는 청년들은 금쪽같은 시간을 허비하는 잉여 인간으로 각인되며 생산과 소비를 향해 바쁘게 움직이는 사람이 이상화된 사회에서 길에서 시간을 보내는 사람들은 부정적인 함의를 갖게 된다. 또 출입 금지 구역이 많은 도시일수록 공간의 숨통은 조여들고 소통은 요원해진다.
 노동 생산으로 근간을 이루는 자본주의 사회에서 유희하는 인간은 생산력을 떨어뜨리는 존재라는 오명을 얻는다. 또 그들이 흔하게 겪는다고 알려진 가난과 비뚤어진 소비는 범죄와 손쉽게 연결된다고들 이야기한다. 이러한 편견은 미디어와 교육을 통해 더 강하게 자리 잡아 일종의 현대 도시사회의 신화가 되어왔다. 10대의 불온한 이미지, 유색인종이라는 차별적 시각 이미지, 거리의 사람들이라는 경제적인 배제가 복합적으로 작용하면서, 도시는 어슬렁거리고 한자리에 머무는 사람들을 반기지 않는 공간이 되었다. 반면 이 어슬렁거리며 모여있는 이들이 보내고 있는 메시지에 대해서는 애써 무시한다. 이들은 그렇게 모여있고 배회하며 이 사회가 가진 모순에 대한, 자신들의 현실에 대한 여러 메시지를 의도했든 의도하지 않았든 간에 보내고 있는 것이다. 우리는 그곳을 외면하고 건너뛰어 지나가면서 그 메시지에 대한 접수를 거부하고 있다. 무시가 가장 경제적이라고 생각할 수 있지만 사실은 가장 비싼 대가를 치른다. 여기서 도시의 구석구석을 다양한 흐름으로 걷고, 머무는 일상을 다양한 사람들이 가져야 한다는 점을 강조하는 이유는 바로 이런 소통의 필요성 때문이다. 이렇게 걸음과 눈 맞춤으로 전달된 메시지는 우리 일상의 불확실성의 위험을 낮춰준다. 우리는 좀 더 어슬렁거릴 필요가 있다.

앞서 보았듯, 브르노의 성야곱 성당의 주변으로 모여든 떠들썩하고 음주를 즐기는 젊은이들은 어슬렁거림의 공공성을 보여준다. 자연스레 거리 곳곳에 자리 잡고 즐기는 맥주, 와인, 음식, 그리고 대화를 통해 서로를 알아가고, 거리에 활력을 준다. 그렇게 사람이 모인 곳에는 의례 음악과 미술을 하는 사람들이 함께하고, 그렇게 새로운 문화와 예술의 장이 열린다. 만약 이곳의 젊은이들이 술잔을 들고 밖에 나가 저 멀리 앉아 있으려 할 때, 어떤 펍에서는 관리상의 이유로 외부 반출을 금지하고, 시에서는 안전과 거리의 정숙을 이유로 단속을 했다면 이 공공의 장소는 그저 몇 개의 사유화된 식당과 펍이 누이 좋고 매부 좋게 배타적으로 분리 점유하고 있는 공간이 될 뿐이다. 그에 더해 주민들이 '왜 어린 아이들도 있고 조용히 살고 싶은 주민도 있는데 밤마다 길거리에서 술판이냐'며 민원을 했다면, 이곳을 지나는 사람에게 그저 술집들로 가득한 거리를 위험할지도 모르니 재빠르게 지나쳐서 이동해버리는, 물리적으로는 존재하나 정신적으로는 공동화된 공간이 된다.

물론 이렇게 형성된 공간에서는 간혹 술이 과한 사람들이 지나친 소음을 내거나, 밖으로 들고나온 유리잔이 깨져서 나뒹굴거나, 사소한 다툼 등 문제가 발생할 수 있다. 하지만 주민, 가게 주인, 손님, 공공기관 종사자 등 각 관계자들이 시간을 들여 경험하고 관찰하고 소통하면서 발생 가능한 문제를 최소화하도록 노력하여 지금의 자발적이고 흥 넘치는 광장이 가능해진 것이다. 만약 공공안전이라는 이유로 일부의 이익만 과잉보호하거

나. 사람들이 개인의 안위에만 지나치게 집착한 나머지 각종 불편에 대해 집요하게 불평을 했다면, 이 공간은 깨끗하고 안전하지만 더 이상 흥도 없고 소통도 없는 빈 공간이 되었을 것이다. 광장에 사람이 별로 없고 시위하는 사람도 하나 없다면 평화로운 것이 아니라 오히려 건강치 않은 사회인 것이다.

얼마 전 키즈카페에서 술을 판매하고 있다며 비판한 우리나라의 뉴스가 있었다. 먼저 아이와 함께 하는 사람들을 '키즈카페'라는 특정 공간으로 분리 수용하는 사회 환경에 대해 고민해봐야 한다. 자신의 환경을 지나치게 사적으로 정의 내림으로써 공공 공간의 구성요소로서 개인의 역할과 책임을 망각해가는 사회에서 만들어지는 것이 이러한 분리된 공간일 것이다. 동반자 중에 아이가 있다는 이유로 '타인에게 일방적 메시지만 전달하고 불편을 초한다'는 프레임이 씌워지고, 그러다 보니 서로를 밀어내고 분리된 공간을 만든다. 아이와 함께 하는 부모도, 그 아이도, 그들을 바라보는 사람들도 공간의 공공성에 대한 책임을 인지하고 학습해야 마땅하지만 서로를 분리하며 그런 기회를 박탈하는 것이다. 이러한 환경에서 태어난 키즈카페의 번창이라는 현상에 더하여, 그곳에서 술도 팔면 안 된다고 사고하는 지나치게 편협하고 일방적인 윤리는 우리의 공간을 더욱 불통하게 만든다. 아이를 위해서라면 부모나 보호자는 자신의 일상의 즐거움을 희생해야 한다는 '양육 논리'는 보호자들에게 또 다른 노동을 강요함으로써 유희의 소통을 방해한다. 키즈카페에서 아이들의 웃음에 가려져서 부모들의 시간은 무료하고 건조하게 채워지고, 그에 더해 들고 간 스마트폰에 의존하여 놀고 있는 아이만 쳐다보며 분리된 개인 공간을 형성한다. 키즈카페라는 분리된 공간에서 분리된 개인들이 점점 놓일 뿐이다. 만약 함께 간 다른 보호자들과 무언가를 같이 나누면서 한담을 즐길 수 있다면 그 공간은 키즈카페 이상의 맥락을 만들 수도 있다.

논쟁이 되었던 노키즈 존과 같은 분리된 환경은 우리가 낯선 사람들, 나와 다른 환경에 처해있는 사람들과 접촉을 많이 해서가 아니라 외려 덜하기 때문이다. 외국인이 드물던 시절, 한두 달에 한 번이나 겨우 마주칠 수 있는 어떤 외국인이 하는 이상한 행동을 보고 기겁하며 '외국 사람들은 이랬다.'라고 인상을 받았다면, 그 이후 이런 인상을 바꾸기 위해 더 많은 외국인을 겪어봐야 한다. 그래야 처음 본 외국인이 좀 특이한 외국인이었고, 다른 외국인도 우리와 별반 다를 게 없다는 인상을 가질 수 있다. 자신이 속하지 않은 집단과 더 많은 접촉과 경험이 필요한 것이다. 소위 말하는 '맘충', '김여사', '개저씨'와 같은 혐오 표현도, 한정된 경험과 제한된 소통 속에서 자리 잡은 아기 엄마, 초보운전자, 중년 남자에 대한 왜곡된 이미지를 고쳐볼 기회가 차단된 사회에서 만들어지는 표현이다.

도심 어린이놀이터의 트램펄린, 프라하 비노흐라드

이렇듯, 공동체 미디어로서 소통하는 도시 공간을 만들어가기 위해서 우리는 우리 사회를 지배하는 보이지 않는, 하지만 강력하게 우리의 일상을 규정하는 담론들에 대해 질문을 우선 던져야 한다. 거리에 어슬렁거리는 청소년을 불온 시 하는 사회의 담론, 안전이나 보안 편리성을 이유로 출입 금지 구역과 감시 카메라를 늘리는 담론, 자신 아이의 안전과 행복이 무조건 최우선 되어야 한다고 생각하게 만드는 이기적 담론, 자신의 사유지 앞은 그 어떤 공공의 활동으로 인해 침범되면 안 된다고 생각하는 사회의 담론, 일단은 빨리 목적지로 이동해서 정해진 바 일을 끝내기 위해 빠른 교통수단을 요구하는 사회의 담론 등에 질문을 던져야 한다.

　많은 사람이 일상에서 어슬렁거리는 불온한 청소년, 이기적인 아기엄마, 놀부심보의 건물주, 이기적인 운전자, 앞만 보고 달리는 바쁜 사람들이라는 이름으로 개인들을 비난하고, 그들 때문에 우리의 도시가 점점 더 살맛 안 나는 공간으로 되어왔다고 생각하곤 한다. 하지만 이러한 개인들의 행위는 사실 공간과 그 공간을 구획하고 규정하고 정의내린 사회가 만들어낸 문법에 충실할 뿐이다. 역설적으로 우리는 어느새 그런 부류의 인간에 속해버려 살맛 안 나는 공간을 만드는 데 일조한다. 우리가 기획해야 할 공동체 미디어와 같은 도시는 따라서 우리의 현실 문법에 대한 고민 그리고 담론에 대한 질문으로부터 시작되어야 한다.

브르노의 경계공간, 분절과 소통

도시공간이 소통한다고 해서 늘 친근하게 다가가는 소통을 하는 것은 아니다. 소통이란, 아쉽게도, 서로를 밀쳐내는 배제와 배격, 경계 긋기와 구분 짓기를 표현할 때도 사용되기 때문이다.

우리가 통용하고 있는 다양한 시각적 기호와 표현은 오랜 시간 동안 특정한 맥락에서 반복적으로 사용되고 상징화되면서 사람들의 취향을 알려 주기도 하고 위험을 경고하는 신호를 보내기도 한다. 특히 사회학자 부르디외가 설명하듯 현대의 계급은 단지 사람들의 경제적인 여건으로만 결정되는 것이 아니라 사회에서 그 사람들이 어떻게 인식되는지 따라서 그 의미가 형성된다. 우리는 사람들의 행동, 말투, 옷차림, 그들의 취미 등 여러 가지를 보면서 그 사람들의 사회적 위치를 인식한다. 우리는 그들의 외향과 취향이 가진 사회적 의미에 대해서 가정, 학교, 미디어 등 다양한 채널을 통해 직간접적으로 학습한다. 그리고 그 정보를 이용하여 사람들을 구분 짓고 판단한다.

우리의 도시공간은 건물을 비롯한 각종 장치와 사람들의 행위라는 매우 시각적인 요소로 가득하다. 여기에 더해 냄새와 소리와 같은 감각 요소가 상호작용하여 즉각적으로 사람들을 자극하는 공간이다. 그래서 사람들은 자신의 감각에 들어온 신호를 기존에 갖고 있던 정보에 대입해 빠른 속도로 해독하여 의미를 이해한다. 고급 주상복합 아파트와 멋진 카페, 그곳을 이용하는 말쑥한 차림의 사람들과 향긋한 냄새와 은은한 음악 소리가 주는 신호를 이해하지 못하는 사람은 드물다. 마찬가지로, 온갖 다른 말투와 다른 생김새의 사람들로 가득한 시끌벅적한 기차역, 그 주변을 어슬렁거리는 노숙자, 익숙하지 않은 냄새가 나는 거리, 그곳에 자리 잡고 있는 1000원 숍에 진열해 놓은 물건들이 주는 신호 역시 명쾌하게 이해한다. 그렇게 사람들의 행위와 도시의 장치는 시각을 비롯한 감각으로 공간의 의미와 그 공간 속 사람의 의미를 고정시키고 다른 공간, 다른 사람들과 구분 짓는다.

기호학자 야콥슨은 의례적 기호 Phatic 라는 개념을 통해 어떻게 사람들이 이러한 의례적으로 정해진 기호를 이용하고 그 의미를 차용하여 소통하는지에 대해 설명한다. 의례적인 기호라는 것은, 우리가 의례적으로 행한 어떤 행동이나 말이 특정한 암시를 주어 상황을 이해하게 하는 역할을 한다. 예를 들면, 우리나라에서 의례적인 인사 '식사는 하셨어요?'는 실제로 밥을 먹었는지에 대한 질문이 아니라, 어떤 대화를 시작하기 위한 친근감과 관심의 표명으로 이해될 수 있다. 이 인사를 받은 사람은, 이 사람이 나와의 대화에 임한다는 신호를 받고, 대화에 나서게 된다.

이 세상의 많은 시각적, 감각적 이미지들은 이런 의례성을 통한 의미 전달을 한다. 우리는 일상에서 알고 있던 기존의 정보를 통해, 그 이미지가 의미하는 바를 이해할 수 있다. 대표적으로는 고가의 물건들을 파는 상점이 줄지어 서 있을 때, 지도에 '명품가'라고 명기가 되어있지 않더라도, 이곳은 이런 상품들을 주로 구입할 수 있는 상류층의 특화된 공간이 되고 있음을 묵시적으로 이해한다. 이에 반응하여, 사람들은 자신이 이 공간에 관여를 할 것인지 안 할 것인지를 결정한다. 이런 기호에 의한 소통 과정을 우리는 일상 공간에서 끊임없이 겪는다.

이러한 구분 짓기가 의례적 기호로 형성된 공간을 도시에서 찾기는 매우 쉽다. 앞서 소개했던 브르노의 소통적 공간 대부분은 브르노 구시가를 중심으로 북쪽으로 넓게 퍼져있다. 반면, 구시가의 남쪽 입구를 이루는 브르노 기차역 주변의 공간은 매우 많은 사람이 오가는 가장 분주한 지역임에도 불구하고 앞서 설명한 것과 같은 소통적 요소는 갖고 있지 못하다. 이 기차역을 중심으로 한쪽은 구시가의 입구를 이루고, 다른 한쪽은 대형

마트와 현대식 쇼핑몰이 들어서 있고 여러 개의 금융사 건물이 자리 잡은 상업지역으로 연결된다. 또한 쇼핑몰 앞 버스 정류장은 시 외곽 대형 쇼핑몰 여러 곳을 이어주는 셔틀버스의 종점이어서 유동인구가 그 어느 곳보다도 많다. 기차역과 선로는 구시가와 상업지역의 경계를 이루고 그 아래에 설치된 지하도는 양쪽을 이어주는 통로가 된다. 이 통로에는 우리에게도 익숙한 형태인 지하상가가 있고, 상업지역 쪽 출구는 대형마트와 바로 연결되어 있다. 기차역 주변으로는 공항 셔틀 종점과 국경을 넘어가는 버스 터미널이 위치하여 브르노의 관문과 같은 곳이기도 하다. 관광객과 주민 모두 지나가야 하는 곳이기에 누구든 이 장소의 의미를 이해하기란 별로 어렵지 않다. 또 이런 공간은 대부분의 도시에 존재한다.

　이곳 현지인에게 들은 생활의 팁은 기차역 주변, 특히 지하도에서 소매치기, 특히 집시를 조심하라는 것이다. 실제 역 주변과 지하도의 몇 가지 이미지는 그곳에 집시뿐만이 아니라 베트남계로 추정되는 아시아 사람들이 많다는 것과 노숙자와 더불어 노숙자와 딱히 구별이 안 가는 매우 열악한 수준의 악사들이 여럿 있다는 것, 그리고 그곳에서 파는 물건들이 한눈에 보기에도 조악한 상품들이라는 것이었다. 그리고 그 지하도의 조명은 어둡고 벽에는 그라피티라고 부르기에도 좀 미안한 낙서들로 가득했다. 그렇게 시각적 감각만 접수한다면 별로 유쾌하지 않은 공간이다. 사람들은 대형마트나 쇼핑몰을 이용할 때 그리고 광역교통수단을 이용할 때 이곳을 지나가게 된다. 이때 사람들은 목적지를 향해 앞만 보고 달리는 경주마처럼 재빨리 걸어 즐겁지 않은 공간을 통과하는 것처럼 보인다. 심리학자 레바인은 시간 감각, 삶의 속도를 통해 문화를 이해하는 연구를 진행해서 여러 나라의 다른 걸음 속도를 측정한 바 있다. 그렇게 사람들의 이동 속도는 특정 지역의 문화와 사회의 환경을 설명할 수 있기도 하다. 브르노의 사람들도 별반 다르지 않다. 구시가를 비롯한 앞서 소개한 여러 구역을 걷는 대부분의 사람은 다소 어슬렁거리는 경향이 있다. 그런데, 기차역의 지하도 구간에만 오면 사람들의 걸음 속도가 빨라진다는 것을 어느 순간 느낀다. 아무래도 기차를 비롯해 브르노에 이르는 다양한 교통수단에서 내려 이동하고 승차하기 위해 이동하기 때문에 증가한 속도일 수도 있다. 그렇지만 이 지하도라는 공간이 가진 어둡고, 위험하고, 낯선 인상 역시 사람들의 걸음 속드를 증가시키는 요소라는 점을 무시하기는 힘들다.

기차역의 지하도

기차역의 지하도와 그 주변 공간은 이렇게 사람들이 마치 경주하듯 지나가버리는 물리적으로는 존재하지만, 경험적으로 교감하지 않는 공간이 되어왔다. 브르노의 기차역은 이 도시의 규모나 기능을 고려해 볼 때 유독 잘 정비되지 않고 협소하다는 일반의 평가를 받아온 공간이다. 1930년대에 이미 기차역 이전이나 개축을 논의하기 시작했지만, 아직도 결론나지 않는 공공 소통의 실패 사례로 체코 내에서 유명한 곳이기도 하다. 최근 몇 년 사이에도 두 번의 주민 투표와 공청회 등이 열렸지만, 기차역 이전의 천문학적 비용에 대한 반대와 기차역 현 위치가 지나치게 구시가와 가까워 이전해야 한다는 이견은 좀처럼 좁혀지고 있지 않아, 조만간 결론이 나기는 힘든 상태이다. 이 문제의 배경에는 공산주의 붕괴 이후 관료들과 짬짜미를 하여 개발 예정지에 '알박기'처럼 부동산을 사들인 사람들의 문제도 있다. 하지만 반드시 그런 부정적 사회배경에만 근거한 것은 아니고, 어떠한 대단위 개발이나 공공 정책을 시행할 때 주민들의 완전 합의를 추구하는 이들에게 내재된 의식에도 기인한다. 물론 이러한 문제 때문에 도로 건설 등 공공 프로젝트들이 빠르게 진행되지 않아 불편한 것은 사실이지만, 일부에게 과도한 희생을 요구하면서 공공의 편의를 추구하지만 결국 투자자의 배만 불리는 종류의 공공 프로젝트는 지양하고 있다는 점에서 긍정적이기도 하다.

이렇게, 기차역을 이전하지도, 증축하지도 못하다 보니 개보수에도 늘 논쟁이 따르고 그렇게 모든 과정이 지체되면서 점점 쇠락한 공간의 모습을 가진 것이다. 그리고 여느 도시의 관문과 마찬가지로 온갖 종류의 사람들이 모여들어 그 쇠락한 시각적 공간에 남루한 사람들의 움직임을 더한다. 그리고 이곳에서 의류, 신발, 액세서리 등 저가의 생활 용품을 팔고 있는 사람들은 대부분 베트남에서 온 이주민들이다.

| 체코의 베트남인 |

체코에는 공식적으로 8만여 명의 베트남 이주민이 거주하고 있다. 1960년대 사회주의 산업 연수 형식으로 당시 동구권에서 가장 경제적인 안정을 누리던 동독과 체코슬로바키아에 많은 베트남 사람들이 이주하여 일부는 계속 남아 체코에 거주하였다. 1989년 동구권 체제 변화와 베트남의 개방정책이 맞물려 많은 수의 경제 이주민이 베트남에서 건너왔고, 현재는 우크라이나, 슬로바키아 출신 이주민 다음으로 수가 많다. 지정학적 여건을 고려했을 때 사실상 베트남 이주민이 최대 이주민 그룹을 이룬다고 해도 과언이 아니다. 베트남 이주민들은 주로 상업에 종사하고 있는데, 대형 마트와 외국계 체인이 장악하고 있는 유통시장 틈새로 우리나라의 편의점 같은 역할을 하는 골목길 작은 식품점 '뽀뜨라비니Potravyni' 망을 장악하고 있으며, 각종 저가 생활용품 시장에도 많이 진출해 있다. 이러한 소매 시장을 뒷받침하는 대형 도매센터가 프라하와 브르노 등 대도시에 자리 잡았는데, 프라하의 SAPA라는 이름의 도매센터는 각종 상업 시설과 수십 개의 베트남 음식점 등이 망라된 거대한 베트남 복합 상업지역이기도 하다.

대체로 베트남 사람들의 경제적인 성공과 교육열에 대해서는 잘 알려졌지만, 여전히 체코의 주류 미디어에서나 일상에서 베트남 사람들은 잘 알려져 있지 않거나, 밀수, 불법체류 등 부정적 이미지로 비치고 있는 실정이다. 베트남 이주 공동체의 경우 연령이 낮은 층의 수가 다른 이주민 공동체에 비해 많은 편인데, 이들을 중심으로 최근 한국 대중문화의 소비가 증가하여 각종 한국 대중문화 관련 행사에 이들이 등장하기도 한다.

이렇듯, 낡고 정비되지 않은 공간이 외지인의 이동이 잦은 공간 사회학적 성격이 만나고, 그 안을 사회적으로 부정적 이미지를 가진 사람들과 이주민들, 그리고 자본주의 상품시장에서 제일 낮은 자리를 점하고 있는 조악한 물건들로 가득 찰 때 이 공간은 시각적으로 구분 지어진다. 그렇게 이 곳은 경계가 되어 영광스러운 문화와 역사의 구시가와 새롭고 활기찬 자본주의 시장의 상업가를 가르는 경계가 된다. 그렇게 경계로서 두 공간을 이어주는 이 지하도는, 도시의 정보를 전하는 온라인상의 지도에서도 표시되지 않는, 보이돼 보이지 않는 패러독스의 공간이 된다. 브르노의 젊고 독립적이며 대안적이라 표방하는 한 문화지도에서 이 공간을 다음과 같이 소개한다. 이 공간은 지역 사람들로부터 '쥐구멍'이라는 은어로 불리기도 한다. 이 곳은 베트남 사람들의 상업이 번창한 곳인데, 공격적인 상행위나 알 수 없는 냄새로 가득하다. 이러한 묘사는 이 공간에 대해 지역 사람들이 갖고 있는 내재된 인상을 표현한다. 이곳은 뭔지 모르게 불쾌한 공간인 것이다. 그리고 그곳은 시각적으로 뚜렷하게 구분되는 베트남 이주민들의 생활공간이다. 그렇게 몇 가지 시각적, 경험적 기록은 서로 교차되면서 의미를 생산하고 전달한다. 사람들에게 이곳은 구시가와 상업가의 경계이기도 하지만, 자기네들과 외부에서 온 타인들과의 경계이기도 한 셈이다.

베트남계 상업지역의 대형 뽀뜨라비니, 브르노 체르노비체

도시의 공간은 이렇게 구분된다. 배제라는 것은 단순히 높은 부동산 가격으로 사람들을 밖으로 밀어내는 젠트리피케이션 같은 경제 과정으로만 발생하는 것이 아니다. 이곳에서 활동하는 베트남 이주민들은 이재에 밝아 상업적으로 성공해온 사람들이지만, 그 공간이 주는 부정적 함의와 그들이 판매하고 있는 상품이 품고 있는 사회경제적 가치로 인해서 브르노라는 도시사회의 언저리에 존재하는 이주민으로 의미가 고정된다. 이렇게 배제를 작동시키는 공간임과 동시에 또한 배제된 사람들이 자신의 주변성을 표현하는 공간이기도 하다. 브르노의 도시 일상에서 중심을 차지하는 구시가나 상업가에서 주요 행위자가 되지 못하는 집시들은 도시 곳곳을 떠돌아다니는데, 특히 이 기차역 주변은 그들의 주 활동 무대가 된다. 밀수, 절도, 구걸 등 각종 비공식 경제가 성행하는 이 경계 공간은 이들의 주변적 상태와 결합하여 이들의 사회적 의미를 형성한다. 이는 주류 백인종임에도 불구하고 사회경제적으로 밀려난 노숙자 등 체코 하층계급에게도 동일하게 적용된다.

브르노 기차역 지하상점

| 체코의 로마인 |

로마인Romani People은 흔히 집시Gypsy라 불리는 인도 아리안 계의 민족으로 아시아의 중국, 인도, 이란, 동서유럽, 아메리카 및 호주 대륙까지 넓게 펼쳐져 사는 유랑 민족이다. 그동안 다양한 문제 제기를 통해 집시에 대한 인권의식도 많이 높아져, 유럽어권에서 집시라는 단어는 차별어로 규정되고 공식적으로는 롬Rom민족 혹은 로마사람Romani People이라 불린다. 최근 인구조사에 의하면 체코에는 약 13,000명의 집시가 거주하고 있다고 알려졌지만 그 수가 40,000명에 이른다는 통계도 있고 그 언어를 사용하는 사람은 250,000명으로 훨씬 많다는 통계도 있다. 체코슬로바키아의 국가 성립 이후 초기 1공화국 시절에는 정부 관료 중에도 포함될 정도로 동등한 대우를 받았던 집시들은, 나치의 학살 이후, 공산주의 시절에도 지위의 회복에 실패하고 여전히 유랑 생활을 하고 판자촌과 같은 집단 거주를 통해 주류사회와 분리되었다. 집시는 유대인과 더불어 대표적인 나치의 종족 말살 피해집단이지만 비주류로 남아있는 것 또한 아이러니다. 동유럽 붕괴 이후 많은 수가 서유럽으로 이주하였으나 곧 다시 동유럽으로 복귀했다.

현재 통계적으로 50% 이상의 집시들이 체코의 사회 체제로 부터 배제되어 있다고 알려져 있다. 한편 체코 정부 역시 많은 자금을 들여 집시들의 사회 편입을 돕고 있지만, 여전히 일반의 편견과 무관심, 천대 등의 문제로 인하여 집시들이 스스로를 주류 사회로부터 분리하려는 경향을 보이고 있다고 알려져 있다. 체코 주류 집단의 집시에 대한 반응은 일종의 투명인간 취급에 가깝다고 느껴진다. 종종 집시들이 공공시설, 예를 들면 교통기관이나 놀이터 같은 곳에서 부적절할 만큼 소란을 떨 때면, 그 행동을 제지하기보다는 모두가 텅 빈 시선으로 마치 자신이 그곳에 같이 존재하지 않는 것 같은 행동을 취한다. 매우 흔하게 볼 수 있는 이 광경에서 체코 주류 집단으로부터 이 사람들과의 공존에 대한 의지를 찾아보기는 쉽지 않다. 브르노에는 로마 문화 박물관이라는 사설 박물관이 운영되고 있는데, 학교 등에서 단체로 관람을 하는 등 이들과의 교류를 위해 공적인 노력은 꾸준히 시도되고 있기도 하다.

주말에만 운행되는 브르노의 클래식 트램

| 경계공간 |

　브르노에서 가장 분주하고 복잡한 동선을 이루는 곳은 기차역과 구시가로 이어지는 길일 것이다. 도시의 관문과 일상의 상업공간, 그리고 관광 공간이 한데 뭉쳐있다 보니 자연스레 분주한 동선이 형성된다. 한편 대부분의 도시에서 기차역은 대개 번화와 동시에 익명성을 가지고 있고 기차역의 익명성은 도시의 다른 지역과는 차별화된 분위기를 만들어낸다. 서울역 동쪽 광장인 서울스퀘어 쪽의 분위기와 서부역이라 부르는 서편의 분위기가 확 달라지고, 또 부산역 앞 광장과 그 길 건너편의 차이나타운과 러시아계 상점들은 극적인 대비를 보여준다. 기차역과 같은 이러한 도시의 경계공간은 소위 글로벌 시티라고 하는 대도시는 물론, 국경 너머의 경제와 사회문화가 교차되는 세계의 여느 도시에서 비슷한 양상으로 나타나고 있다. 유럽 대부분의 중대형 도시에서는 번화한 역사와 상업의 중심지를 지탱하는 배후지역이 있고, 이곳에는 값싼 노동력을 공급하고 중심 경제에서 흘러나오는 비공식 경제의 낙수를 즐기고자 하는 사람들이 모여 활동한다.

　우리는 우선 그 사람들의 옷차림과 생김새, 그리고 말투를 통해 구분을 짓는다. 그리고 경계 공간에는 그 사람들에게 필요한 서비스, 즉 급전이 필요한 사람을 위한 전당포, 집에서 인터넷을 할 여유가 안 되는 사람들을 위한 인터넷 카페, 본국에 연락을 취하는 이주민을 위한 전화방, 저가 핸드폰이나 유심카드를 살 수 있는 가게, 그리고 본국 송금을 돕는 각종 송금업체들이 자리 잡는다. 그리고 그 주변에 각종 저가 상품과 카피 제품을 취급하는 가게, 저렴하고 이국적인 식당 등과 어우러져 이 공간은 글로벌 시티의 중심으로부터 배제된 시각적 경계선으로 설정하는 역할을 한다.

경계지점: 아일랜드 더블린의 폰샵

이런 경계지점인 브르노 역 지하도가 가장 많은 사람들이 오가는 공간이라 설명했듯이, 이러한 곳은 아이러니하게도 많은 사람들에게 피할 수 없는 공간이라는 점에서 또 하나의 도시공간 소통의 과제를 찾을 수 있다. 브르노 기차역과 오래된 중앙 우체국 옆으로 길게 뻗어있는 선로 부속 시설들은 벽으로 가로막혀 있다. 기차역, 우체국, 주차장 등 이 주변의 여러 생활시설들을 이용해야만 하는 사람들에게 그리 쾌적하지 않은 이 공간에 최소한의 시각적 미화를 담당하는 곳은 브르노의 국립 극장과 국립 박물관 등 공공 문화기관들이다. 공공 문화기관들은 각종 행사를 알리는 포스터를 이곳 벽에 붙이는데, 시각적으로 다채로운 포스터가 삭막할 수밖에 없는 공간의 무게를 완화 한다.

전략적인 포스터 부착

이렇게 자칫 시각적으로 어둡거나 쇠락한 도시공간에 공공 문화기관들의 포스터를 전략적으로 부착하는 사례는 브르노 시내 여러 곳에서 발견할 수 있다. 앞서 소개했던 베베지 구역에서도 유독 재개발 사업의 지연 때문에 폐허가 된 공간이 하나 있는데, 그 바로 옆에 위치한 대형마트와 앞에 위치한 트램 정류장을 이용하는 많은 사람들에게는 피할 수 없는 공간이기도 하다. 이곳에도 마찬가지로 국립 극장의 공연 포스터가 폐허가 된 건물의 창 사이즈에 맞춰 제작되어 시각적으로 폐허의 우울함을 완화한다. 물론, 이러한 공공미술 혹은 포스터를 통한 시각 느낌의 재고는, 경계 공간 혹은 쇠락한 공간에 대한 소극적인 접근일 따름이다. 경계라는 의미가 형성되게 만드는 각종 사회경제-문화적 맥락에 대한 적극적 개입 없이 이 공간들이 주는 경계성이 사라지기는 쉽지 않다. 다만, 그럼에도 불구하고 많은 사람들이 이용해야 하는 공간의 부정적 이미지를 완화하기 위한 공공의 협력은 의미가 있다.

| 이주민의 편입 |

요즘 브르노 구시가에는 깔끔하게 단장된 베트남 식당이 여럿 자리 잡았다. 새로 생긴 식당은 예전 구시가 광장에 딱 하나 있던, 어둡고 어딘지 모르게 어수선한 베트남 식당과는 사뭇 달라졌다. 현지인들의 이국적 음식에 대한 호기심이 선호로 바뀌고 이주민들의 구매력이 뒷받침되면서 베트남, 터키, 인도, 타이 음식점들도 진화하는 것이다. 베트남 이주민들의 주변적 성격은 이렇게 도시 중심으로 들어온 고급스러운 식당과 함께 변화될 수도 있다. 그렇지만, 이렇게 변화된 성격은 그들이 중심에 편입될 수 있는 능력을 스스로 취득해서 얻은 것일 뿐, 우리 도시의 사회문화가 변화되어서 새롭게 인식된 것은 아니다. 도시 구조가 반영하고 있는 사회경제적 논리, 그것이 반영되는 사람들의 문화와 습속에 대한 적극적 개입과 급진적 전환은 여전히 필요하다. 그렇지 않으면, 우리 도시는 여러 종류의 사람들을 끊임없이 밀어내는 인색한 공간으로 남게 될 것이다.

여느 도시와 마찬가지로, 이렇듯, 브르노에도 소통적인 공간과 불통의 공간이 공존한다. 여기서 불통의 공간이라는 말에는 어폐가 있다. 앞에서 보았듯, 단절된 듯한 그 공간 역시 우리에게 끊임없이 그 단절된 이유를 메시지로 전달하는 소통의 공간인 것이다. 우리가 매스컴, 즉 거대한 미디어로부터 전달되는 신호에도 '커뮤니케이션'이라는 명칭을 부여하듯, 배제적으로 형성된 도시공간의 일방적 신호를 우리가 소비하는 것도 소통이다. 다만, 이 책에서 처음부터 강조하는 '소비가 아닌 소통' 즉, 의미를 만드는 것보다는 정해진 의미만 받아들여 살아가는 소비자의 소극적 소통은 도시공간소통이 지향하는 바는 아니다. 다시 미셸 드 세르토의 글로 돌아가 본다.

"… 공간은 움직임의 요소가 교차하며 형성된다. 공간은 그 안에서 전개되는 움직임의 조화로 발현되는 감각 속에 존재한다. 공간은 그것을 향하고, 그것을 설정하고, 그것이 어떤 순간이 되는 작동에 의해서 만들어지는 효과로 나타난다. 그리고 상이한 것들의 상이한 조합 속에서 기능케 하는 작동 속에서 만들어진다. 이러한 관점에서, 공간은 우리가 말할 때 사용되는 단어와 같은 것이다. … 요약하면, 공간은 '무언가 실행되고 있는 장소'이다. 따라서 도시계획에 의해 지리적으로 구획된 길은 걷는 사람에 의해서 한 '공간'으로 변모한다." [미셸 드 세르토, p.117]

도시의 구조 안에서 우리의 움직임이 바로 공간이다. 우리가 구조에 움직임을 더하는 행위가 바로 그 공간의 의미를 형성하는 행위이다. 움직임의 요소의 교차가 다변적일 때 그 공간은 여러 가지 의미로 사람들과 소통하게 된다. 즉 그곳이 바로 무언가가 일어나고 있고, 무언가가 변하고 있는 사회의 추동력이 되는 공간이다. 만약 이러한 움직임이 매우 동질적인 사람들로만 이루어진다면 우리의 공간은 회색이 될 것이다. 즉, 특정 인종과, 특정 부류와, 특정 계급과, 특정 연령대의 사람들의 움직임의 요소만 교차된다면, '무언가 실행되고 있는 장소'로서의 공간의 의미는 매우 단순해진다. 이렇게 매우 협소하게 정의된 의미는 그 협소한 정의에 부합되지 않는 사람들을 밀어내는 경향을 보인다.

| 동질성의 위험 |

인터넷의 특징은 전 세계적이고, 대중적이고, 저렴하고, 소유자가 없고, 즉각적이고 다양한 종류의 미디어를 운반하는 광범위한 소통의 네트워크라는 것이다. 하지만 이런 네트워크를 갖게 된 현대의 인류가 점점 더 단절되고, 편협하고, 근본적인 소통의 문제와 갈등을 겪고 있는 것을 보면 왜 동질한 공간이 좋지 않은지를 알 수 있다.

인터넷을 쓰는 것 자체는 문제가 아니다. 역설적으로 많은 소통 방식 중에 인터넷을 이용한 소통이 우월한 독점적 지위를 가지게 되면서 이런 갈등이 생긴다.

프랑스의 정치학자 올리비에르 로이는 이슬람 근본주의화의 연구를 통해서, 종교적으로 동질적인 사람들이 다양한 사회적 자극에 노출되지 않은 채 인터넷이라는 가상공간을 통해서 특정 문화와 규율의 코드만 소비함으로써, 그 종교, 문화, 규율의 의미를 매우 협소하게 교조적으로 받아들여 '근본화' 되어간다고 분석한다. 그렇게 율법을 글자 그대로 지켜야 한다는 강박에서 사람들은 편협해진다. 우리는 모든 게 얽혀있는 세계화된 정치 경제적 활동으로 인하여 많은 이질적인 것에 점점 노출되어 살아간다. 반면, 많은 사람이 그 이질성에 피로감을 호소하며 동질적인 집단과 협소한 의미를 생산하여 서로를 배척한다.

이러한 현상은 균질화된 공간에서도 나타난다. 체코 사람들의 생활방식, 취향 등의 이름으로 편협하게 코드화된 문화 아래에서 이질적인 존재들은 이 도시에서 환영받지 못하고, 이들의 움직임은 교차하지 못하여 새로운 공간을 만들어내지 못한다. 이런 방식으로 도시의 특정 공간들이 부정적 함의를 갖고 버려진다.

앞에서 소통의 사례로 소개한 베베지 구역이나 구시가도 이와 같은 시각으로 비틀어보면 편협하고 단절적 소통의 사례로 될 소지가 다분히 있다. 세계의 도시들은 '창조 계급'이라는 젊고 새로운 문화를 채워 넣을 수 있는 사람들에 대한 관심과 지원을 확대해가고 있다. '창조 계급은 기존의 자본과 권력의 일방적인 개발로 점철된 도시에 새로운 삶의 방식과 문화의 양식을 가져온다. 그리고 미래는 더 활기차고 열린 도시공간을 지향한다.'는 미국의 경제학자이자 창조계급론자인 리처드 플로리다의 논의에서 시작된 이 창조적 계급은 그 개념의 찬반 여부에 상관없이 대부분의 도시가 지향하고 있는 방식이다. 브르노의 베베지 구역이나 구시가 역시 이러한 창조 계급으로 분류되는 사람들이 대중을 이루는 곳이다. 그러다 보니 새로운 종류의 상점과 공간 개념이 형성되고, 그래서 여느 지역보다 활발한 소통과 열린 교차가 벌어지는 곳이라 소개한 것이다. 그렇지만 앞서 검토한 협소하고 배제적이며 단순한 교차의 공간이 만들어 내는 경계라는 개념을 적용할 때 이 지역 역시 일부 문화, 교양의 자본을 소유하고 있고, 더 좋은 교육의 기회를 부여받고, 새로운 문화의 자극을 충분히 이해할 능력과 경험을 가진 이 창조 계급의 배타적 공간으로 고정될 여지도 있다는 점은 지적되어야 한다.

한 동네의 새로운 스타일과 재미있는 문화의 양식에 너무 깊이 몰입된 채 그 공간을 채우고 있는 사람이 어느덧 자신과 매우 동질적인 사람들로만 가득 차 가고 있다는 점을 무시할 때 이 공간은 또 새로운 교차를 이뤄내지 못하고 고인 물과 같은 공간으로 경계가 만들어질 것이다. 이른바 경제적 이유가 아닌 심리적인 이유에 의한 젠트리피케이션이 일어날 수도 있는 것이다. 이러한 점을 생각했을 때 앞에서 이야기했던 이질적 공간의 인접성, 동선의 다양성 등 걸음이라는 도시의 언어를 활성화할 여러 가지 공간적 기획은 끊임없이 계속되어야 한다.

공간은 미디어다

다시 도시를 미디어에 대입하여 설명해본다. 마셜 매클루언은 '미디어는 메시지다'라는 명제를 통해, 프로그램이나 콘텐츠와 같이 '미디어가 전달하는 내용'이 아닌 TV와 인터넷 같은 '미디어 그 자체'가 이 사회와 사람의 구조와 의식의 변화를 이끌어내는 메시지라는 설명을 한다.

이와 비슷하게, 도시 안의 생활, 문화, 사람과 같은 소프트웨어가 미디어의 역할을 하는 것이 아니라 도시의 구조 혹은 그 내부의 구조물 자체인 하드웨어가 일종의 미디어 역할을 하며 사람들의 생활 양식과 의식을 변화시키는 메시지가 된다는 의견인 것이다. 이 책의 사례를 대입해서 설명하자면, 브르노 기차역 주변을 채우고 있는 반달리즘, 그라피티, 구걸, 절도, 불법 제품의 판매 혹은 그런 것을 행하는 사람이 아니라, 그 경계적인 공간의 구조 자체가 현대 유럽의 도시가 공통적으로 가진 현상을 만들고 보여주고 있다는 것이다.

이렇듯, 도시공간의 구성과 배치는 그 자체로서 그 도시의 시대와 맥락의 면면을 정의하는 역할을 한다. 그리고 그에 맞추어 사람들의 생활양식과 의식도 변화된다. 이 책을 통해서 소소하게 소개한 작은 구조와 배치의 변화, 그리고 동선의 재고가 도시공간을 좀 더 안전하고 상호 이해하는 공간으로 만들 수 있는 것이다.

단, 도시의 구즈라는 테크놀로지, 즉 사람-사회-문화를 담는 그릇이 전지적이며 결정적인 역할을 하는 것만은 아니다. 그보다는 사회가 총체적으로 반응하며 그 그릇을 구성함과 동시에 그 그릇에 담겨 구성된다. 어찌 보면 말장난 같은 이 말을 이해하기 위해서는 루이스 멈퍼드가 설명한 서양 근대 문명 형성에 있어서 '문화적 준비'라는 개념의 도움이 필요하다. 루이스 멈퍼드는 인쇄술, 방적기 등 특정 기술이 인류 문명을 결정적으로 이끌었다기보다는, 여러 가지 기술의 발전과 사람의 생활양식 변화, 그리고 변화하는 정치 경제가 하나의 거대한 '문화적 준비'를 이룸으로써 '서양-근대-기술문명'이라는 지배적인 환경을 만들어냈다고 설명한다. 이를 좀 더 현대적으로 설명하면, 인터넷의 등장이 세상 사람들의 삶의 방식은 물론 정치, 경제 등 사회의 전반을 바꿨다고 보는 결정론적 시각에는 한계가 있다는 것이다. 그보다는, 사람들의 지역 간 이동을 더욱 요구하는 경제구조와 도시-농촌 환경, 국가 간 불균형적인 발전 정도, 또한 이와 맞물려 증가하는 국가 간 돈의 흐름, 그에 조응해 온 문화적인 교류의 증가와, 이것들을 가능케 하는 다양한 기술과 제도 발전이 하나의 현대의 디지털 네트워크 사회를 준비했고, 이렇게 준비된 환경이 인터넷이라는 기술을 필요로 함과 동시에 그 기술을 통해 새로이 구성된다. 그렇게 등장한 새로운 기술인 인터넷은 사람들의 소통과 이동, 그리고 돈의 흐름과 문화의 교류를 더욱 증가시켜 문명의 새로운 국면을 만들어낸다. 즉, 문명의 새로운 국면은 이른바 사회-문화에 의해 결정된 기술의 결정적 역할인 셈이다. 예를 들어 스카이 스캐너, 에어비앤비, 카우치 서핑, 우버 등 인터넷을 통해 만들어진 새로운 서비스가 창조해내는 전 세계 도시들의 변화를 생각해 보자.

이러한 시각은 도시에도 마찬가지로 적용될 수 있다. 도시의 구조와 새로운 구조물의 등장이 도시의 문법과 삶의 양식을 바꾸는 결정적인 역할을 한다기보다는, 거시적인 정치 경제적 환경, 삶의 양식, 가치관, 습속 등등이 맞물리면서 도시의 구조를 형성하고 그렇게 형성된 도시 구조에 의해 그러한 환경과 양식과 습속은 더욱 공고하게 확정된다.

| 한달살이 |

　우리나라에서도 제주도 한 달 살이를 시작으로 국내외의 낯선 곳에 가서 한 달 동안 살며 건강을 찾고, 재충전하거나, 평소에 하지 못한 일들을 하면서 지내는 것이 유행한다. 이러한 한 달 살이는 역으로 생각하면 현실이 충족시키지 못하는 것이 많다는 이야기이다. 바쁜 일상 중에 짬을 내서 아름다운 도시나 이국적인 여행지를 갔을 때, '아 여기서 한 달 만 살아봤으면 좋겠다'고 얘기 하는 말속에는, 우리 일상의 변화에 대한 기대보다는 체념이 묻어난다.

　한 달 살이를 하든 상상에 그치든 결국 사람들은 다시 바쁜 일상으로 몰입되고, 그 조건에 조응하여 살아갈 수밖에 없다. 카페에서 짧은 여유를 즐길 때나 독서 삼매경에 빠질 때도 비슷한 경험을 하곤 한다. 이런 시간들이 일상의 연장에서 우리의 삶을 구성하는 조건에 대한 고민의 시간이라기보다는 카페에서 현실의 복마전에서 잠시 자신을 분리하거나 책 속에서 다른 사람들의 생각을 소비하며 자신을 잊는 공백의 시간으로 사용된다. 그렇게 성찰이 정지된 일상과 소비적 여가의 반복적인 쳇바퀴가 자칫하면 우리의 성인기 대부분의 시간을 지배할 수 있다. 그렇다면 우리가 살고 있는 이곳이 한 달 살이 여행지나, 카페, 독서 같은 성찰과 쉼표의 공간이 되려면 어떻게 해야 할까.

| 현실: 일하는 시간이 긴 도시 |

앞서 도시 소통의 전제인 걸음의 공간 조건으로 인접성, 다양성 등을 들었지만, 그 걸음을 걷는 주체들의 생활 조건이 충족되지 않으면, 도시공간에서의 소통적 걸음을 만들어가기 어렵다. 사람들이 다양한 동선으로 이동을 하고, 인접한 공간에 특별한 목적 없이 들르고, 그렇게 다른 사람들과 조우하고, 머물기 위해서는 일단 그들이 시간상으로 쫓기지 않아야 한다. 제아무리 산업구조가 바뀌었다고 하더라도, 우리 일상의 시간을 가장 많이 규정하는 것은 노동이다. 우리의 하루 중 가장 바쁜 걸음을 걷는 시간은 대체로 출근 시간이며, 퇴근 시간이 언제냐에 따라 우리의 동선이 결정된다. 집과 직장을 시계 추처럼 왕복해야 하는 일상은 퇴근 시간이 결정하는 것이다. 그래서 예전부터 '저녁이 있는 삶'이라는 정치적 구호가 있었으나, 이것이 그저 구호의 한계에 머물다 보니 여전히 저녁이 없는 삶을 살고 있는 사람들로 넘친다. 노동시간과 강도가 높은 사회의 사람들의 출퇴근 시간 걸음은 매우 단선적이다. 주어진 시간을 가장 효율적으로 사용할 수 있는 단선적인 동선에 의지하여 반복된 이동을 한다.

한국 도시의 주요 지하철 역세권에는 마트가 자리 잡고 있다. 미국의 도시들과는 달리 대중교통과 도보로 도달할 수 있는 위치에 대형마트가 자리잡고 있다 보니 동네와 동네 사이를 자동차로 훌쩍 건너뛰지 않아도 되니 그나마 소통적이라고 해야 할까? 실상은 그렇지 않다. 긴 노동 시간과 바쁜 일상, 그리고 교통 요충지에 위치한 대형마트는 사실상 같은 맥락에서 형성된 시간과 공간이다. 역세권에 입점해있는 대형마트는 퇴근 시간 무렵 그 어느 지점보다 많은 손님들이 몰린다. 그렇게 사람들은 단순화된 동선에서 최소한의 개인적 용무를 공적인 공간에서 본 후 총총히 사적 공간으로 사라져간다. 대부분의 낮 시간을 직장이나 학교 등 한정된 공간에서 보내기 때문에 도시공간소통에 기여하지 못하는 사람들이 도시공간을 가장 많이 사용하는 시간인 출퇴근 시간의 공간 이용 행태마저 단선적이면, 도시 공간 자체도 그렇게 이동하는 사람들을 중심으로 단순하게 구성된다. 그 단선적인 동선에 맞춰 각종 시설들이 들어서고, 그렇게 사람들은 매우 목적 지향적으로 한 지점과 다른 지점을 이동한다. 이렇게 이동하는 개인들에게 우리의 공적 공간인 거리는 그저 자신의 개인적 이동을 위해 이용하는 일시적으로 확장된 사적 공간일 뿐이다.

물론, 이 책에서 살펴본 브르노의 일상도 전체적으로 보아 크게 다르지 않다. 트램 정류장 중심의 대형마트에서 장을 보고 총총히 집으로 돌아가는 사람들. 그런 식으로 단순화된 평일 일상을 굳이 한국의 그것과는 다르다며 이상화 시킬 필요는 없다. 다만 약간의 차이가 있다면, 사람들이 퇴근하고 거리에 나와 집으로 들어가는 시점이 한국보다 약 한두 시간 빠르다는 점이다. 브르노 구시가를 에워싸고 있는 도로는 오후 네 시가 조금 넘으면서부터 정체가 시작된다. 대체로 다섯 시 퇴근이 많지만, 학교와 같은 직장은 네 시 전후로 퇴근이 시작된다. 그렇게 시작된 도로의 정체는 대체로 여섯 시 무렵이면 어느 정도 정리된다. 마찬가지로 시내 곳곳 마트의 혼잡 시간도 네 시에서 여섯 시 반 정도이다. 이 시간은 구시가 구석구석의 상업가와 베베지 구역 등 부심으로 분류되는 일부 상업 지역에 유동인구가 가장 많은 시간이기도 하다. 그렇게 넉넉한 두 시간이 이들이 동네에서 어슬렁거리는 시간이다. 간단하게 오후의 차를 즐기는 카페의 손님도 많고, 맥주와 함께 이른 저녁을 즐기는 사람도 있다. 각종 작은 동네 가게에는 퇴근길 들른 손님으로 북적인다. 광장에서 때때로 벌어지는 각종 문화 행사들의 메인 무대도 이 시간 무렵에 시작되어 사람들의 발길을 잡는다. 학교를 마친 어린 학생들도 거리와 광장의 주요 일원이 되어, 한낮의 여유를 즐기고 집으로 돌아가기 전 할머니 할아버지와 시간을 보내기도 하고, 힘든 하루 일을 마치고 퇴근하는 엄마 아빠와 야외의 가족 시간을 보내기도 한다. 사람들은 그날 필요한 모든 식재료를 한 번에 한 곳에서 구입하기는 어렵지만, 구시가 광장에 있는 재래시장에 들러 몇 가지 신선한 재료를 사고, 나머지는 대형마트에 들러 추가로 구매하며 시내 여러 곳을 돌아다니기도 한다.

이름없는 동네 채소가게 내부 모습

이 한두 시간이 도시공간소통에 있어서 일종의 골든타임인 셈이다. 저녁 여섯 시 혹은 그보다 훨씬 늦게 퇴근하는 사회에서는 역세권 대형마트에서 효율적으로 재빨리 저녁거리를 준비해서 집으로 돌아가 하루를 마무리하는 것이 현명할 것이다. 반면 많은 유럽 도시에서 주어지는 직장인의 저녁 한두 시간은 똑같이 직장-대형마트-집으로 이어지는 동선이라도 사람들 마음가짐을 다르게 하여, 특별히 필요하지 않은 곳도 괜히 기웃거리게 만드는 힘이 있는 것이다. 대부분의 유럽 도시에서는 이 여유시간이 여름에 훨씬 더 늘어난다. 유럽 도시들은 위도가 높아 여름 낮이 매우 길다. 서울의 위도는 이탈리아 남부의 시칠리아섬과 비슷한 정도이다. 유럽 중위도 정도에 위치한 브르노에서 낮이 제일 긴 하지에 해는 새벽 4시 47분에 떠서 밤 9시 2분에 진다. 게다가 서머타임이라 부르는 일광절약시간제로 해가 중천에 있을 때 퇴근하는 느낌이 난다. 또 출퇴근 시간을 근로자가 정하는 시차출근제가 많아 여유시간이 더 늘어난다. 유럽에서 출근을 아침 여섯 시, 일곱 시에 하고 오후 두세 시에 퇴근하는 것도 전혀 이상하지 않다. 심지어 공장도 노사 협의에 따라 새벽에 출근하여 오후에 퇴근이 가능하다. 대학교의 수업도 아침 일곱 시 반에 시작하는 경우도 많다. 오후 서너 시부터 개인 시간이 주어지니 다른 무언가를 하지 않으면 시간이 안 간다.

반면 제아무리 사회가 많이 변했다고 하지만, 퇴근 시간 이후의 한국 도시의 공간은 여전히 성인 남성의 전용공간에 가깝다. 남성들이 여전히 절대 주류로 자리 잡은 노동시장, 시장의 지극히 경쟁적 환경, 그 시장의 보급 창고 역할을 하는 과잉된 교육 환경, 육아-교육-사회진출의 연결고리에서 가사노동의 대부분을 과도하게 책임지는 여성의 역할 등의 열악한 사회환경은 여전히 한국 도시의 밤거리의 주인을 성인 남성으로 단일화시키고 있다.

앞에서 말했듯이 도시공간을 공유하는 사람들의 성격이 다양할수록 더 다채로운 교차가 발생하면서 사회의 불확실성을 줄여주는 소통적 성격이 강화된다. 그렇지 않은 도시는 회색빛이 될 뿐이다. 퇴근 시간 이후 한국 도시의 공간에서 만남과 대화는 많지만, 여전히 단순하고 균질적인 행위들은 반 소통적이다. 친구들과 직장동료들과 못다 한 소통을 더하며 술자리를 채우지만, 조금 확장된 사적 영역을 공적 공간에서 유지하고 있을 뿐이다. 그리고 이 유사한 성격의 사람들만의 공간은 다른 성격의 집단, 예를 들어 여성, 이주민, 청소년 등에 대한 단편적 인상과 상징적인 이해를 재생산하고 공유하는 불순한 장으로 전락할 수 있다. 소통의 도시는 퇴근 후 직장인 회식이 없는 사회가 만든다.

| 현실: 이동거리가 긴 도시 |

이렇듯 우리의 노동 환경과 거리에서 교차되는 사람들의 모습에 맞물려 돌아가는 것 중 하나가 출퇴근하는 데 걸리는 시간이다. 영국 키론 채터지의 연구에 따르면 직장인에게 출퇴근 시간이 20분 길어지는 것은 연봉이 19% 깎이는 것과 같은 정도의 직업만족도 하락을 가지고 온다. 출퇴근 시간의 길이가 삶의 질에 큰 영향을 미치는 것이다.

한국과는 달리 유럽에서의 일상의 이동거리는 가벼운 마실 나가는 느낌을 준다. 실제 OECD 통계에 따르면 우리나라의 출퇴근 이동시간은 평균 58분으로 OECD 국가 평균 28분을 보다 무려 30분이 더 길다. 두 배 이상의 시간을 길에 버리는 것이다. 이는 직장인의 여유시간을 더 줄어들게 만든다. 이 출퇴근 시간은 우리나라의 수도권으로 가면 더 길어진다. 2017년 잡코리아의 조사에 따르면 서울 지역의 직장인은 두 시간이 넘는 무려 134.7분을 출퇴근 시간에 할애한다.

짧은 이동시간은 브르노뿐만 아니라 체코에서 제일 큰 도시인 프라하에서도 마찬가지인데, 기본적으로 시내에서 한 가지 일을 하기 위해 이동하는 시간은 30분을 넘지 않는다. 가장 저렴한 대중교통 승차권의 승차 제한 시간이 브르노의 경우 15분이고 프라하는 30분인데, 두 도시 모두 이 승차 제한 시간을 넘겨서 어디로 이동하는 일이 그리 흔하지 않기 때문에 가장 저렴한 표 한 장으로 목표한 곳에 다다를 수 있다. 출퇴근 이동 시간이 짧다는 것은, 그만큼 직업과 경제활동을 제외한 여유 시간이 늘어난다는 것을 의미한다. 아침에 조금 더 늦게까지 잠을 잘 수 있으며, 밥을 좀 더 제대로 먹을 수도 있고, 일어나자마자 학교에 간다고 부산을 떠는 아이에게 말 한마디 더 건넬 시간을 얻는다. 시간의 여유는 통근의 옵션을 늘린다. 굳이 가장 빠르고 효율적인 교통 편을 이용하지 않고, 그때그때 상황에 따라 다양한 선택을 할 수 있다. 맑은 날은 경치 구경하기 좋은 트램을 타고, 날씨가 궂으면 지하철을 타는 식이다. 요즈음 번지기 시작하는 공유 자전거, 전동스쿠터 등 개인이동수단도 좋은 대안이 된다.

우리가 출퇴근 구간을 효율성과 속도로 결정하여 매일 똑같이 지나다 보면 더 이상 이 구간을 구성하는 다양한 공간은 아무런 자극을 주지 않는 밋밋한 벽처럼 작용한다. 출퇴근 거리가 짧으면 퇴근 시간 이후의 삶의 패턴도 변한다. 아매한 저녁시간 먼 거리의 집으로 돌아가기 전 식사를 해결해야 하는 패턴에도 변화가 생길 수 있고, 늦은 술자리를 총알 같은 택시와 함께 정리하는 일도 줄어들 수 있다. 무엇보다, 여유로운 시간을 빌미로 동네 장에 들러 좀 더 쉬엄쉬엄 기웃거릴 시간을 가질 수 있다.

여전히 먼 거리의 출퇴근을 감수하면서 빠듯하게 시간을 쓰고 출퇴근을 힘겨워하는 직장인에게 우리의 도시 공간은 집과 일터를 연결하는 단선적인 연결통로일 뿐이다. 우리가 짧은 통근거리의 장점을 잘 알고 있음에도 그렇지 못하는 이유는 한국 도시에서의 삶을 규정하는 조건들 때문이다. 무엇보다도 부동산 문제가 있을 것이고, 자녀의 교육 문제도 있으며, 맞벌이, 지역 편중적인 산업 환경 문제 등도 한몫한다.

최근 프라하와 브르노 등 체코의 도시들도 부동산 급등을 경험하고 있다. 유럽 내에서 상승 속도가 최상위권에 속하는데, 급증하는 관광객으로 인한 호텔과 에어비앤비 같은 숙박 시설, 증가하는 외국계 기업들을 위한 오피스, 그리고 평균적인 소득수준 향상과 새로운 주택과 상업지의 개발 등이 원인으로 꼽힌다. 마찬가지로 사회주의 시절 도시 외곽의 고층 패널 아파트나 새로 조성되는 주택 단지는 도심보다 저렴하여 사람들이 점점 외곽으로 이동하는 경향도 있다. 이렇듯, 부동산으로 인한 출퇴근 거리의 증가는 자본주의 도시에서 일반적인 경향이다.

판넬 아파트 사진

이러한 전 지구적 경향에도 불구하고 한국에서의 출퇴근 환경과 체코의 출퇴근 환경에는 여전히 큰 차이가 있다. 한국의 대기업 중심의 경제 체제는 직장의 서울 특정 지역 편중 현상을 만들어냈고, 직장 주변의 높은 부동산 가격은 좋은 직장을 다니고자 하는 보편적 욕망과 충돌이 일어난다. 1시간 넘는 거리를 매일같이 왕복하는 일을 감수해도 그 직장을 유지하고자 하는 것은 상식이 되어왔다. 또한 먼 출퇴근 거리를 감수하며, 자녀들을 좋은 교육 환경에서 키우겠다는 욕망 역시 상식이 된다. 더 안전한 미래를 위하여 좋은 직장을 꿈꾸고, 그를 위해 좋은 학교를 꿈꾸고, 그 미래를 위해 부동산과 씨름하며 우리는 출퇴근 시간이라는 삶의 가장 흔한 일상을 희생하고 있다. 그렇게 멀어진 출퇴근 거리에서 사람들은 파김치가 되어, 이어폰으로 귀를 꼭 틀어막고, 자기 손에 들려진 핸드폰하고만 소통을 유지한 채 공간으로부터 스스로를 분리시킨다. 거리에서도, 대중교통의 공간에서도 소통이 사라져가는 대부분의 이유는 한 손에 쏙 들어오는 스마트폰이라는 미디어 때문이 아니라, 우리의 출퇴근 공간이 미디어로서 기능할 수 없는, 피곤함에 지친 사람이라는 콘텐츠로 채워져 있기 때문이다.

체코에도 외국계 기업이 늘어나고 금융 산업 등 돈의 흐름이 편중되는 경향이 보이면서 직장별, 직종별 임금 격차가 늘어나고 있지만, 체코의 임금 평등 지수는 OECD는 물론 EU에서도 최상위권에 속한다. 전체적인 저임금 현상 때문이라는 지적도 있지만, 빈곤층 비율이나 노인 빈곤 지수 역시 가장 낮은 수준을 유지하고 있는 것을 보면 임금 격차가 적은 사회경제적 환경은 긍정적으로 작용하고 있는 것으로 보인다. 여느 자본주의 국가와 마찬가지로 비정규직이 증가하고 저임금의 이주민 일자리가 늘어나고 있지만, 직장별, 직종별 임금격차가 작은 환경에서 직종 전환이나 이직은 상대적으로 스트레스를 덜 주는 이벤트이다. 따라서 자녀교육, 주변 환경, 출퇴근 거리 등 주거와 직장을 결정하는 여러 변수를 탄력적으로 고려할 수 있는 여유가 소통적인 일상 동선을 만든다.

프라하나 브르노 같은 중심도시에도 어김없이 '좋은 동네'가 있다. 사람들은 거리를 감수하더라도 좋은 주거환경을 찾아 그 동네를 선택하고 비교적 먼 거리의 출퇴근을 감수한다. 다만, 이 좋은 동네의 상징성이 서울 등지의 좋은 동네가 가진 상징성과는 몇몇 질적인 차이를 보인다. 우선 다른 동네와의 부동산 가격 차이가 심하지 않고, 동네별로 각종 편의시설이 차별적이지 않다. 무엇보다 중요한 것은 '좋은 동네'라는 상징적 자본이 사람들의 마음 속에 정교히 자리 잡고 있지 않다. 개인의 취향과 삶의 패턴에서 '좋은'이라는 주관성이 결정된다. 좋은 집이 모여있고, 대체로 이주민보다 체코 원주민 혹은 외국계 기업 주재원이 많이 거주하고 있는 등의 객관적 지표가 좋은 동네의 상징성을 유지하고 있지만, 절대적 가치나 일반적 합의로 존재하지는 않는다.

  반면 부동산, 교육시장, 교통 등의 변수를 통해 형성된 한국의 '좋은 동네'라는 함의는 각종 경제 행위와 미디어를 통한 의미의 확산, 그리고 그에 조응하는 개발 정책 등을 통하여 사람들의 마음속에 매우 정교한 순위가 자리 잡았고 실제 작용하는 '상징자본'이 되어왔다. 그리고 좋은 동네라는 상징적 의미를 좇아 사람들은 자신의 일상 동선을 결정한다. 출퇴근 거리가 멀어지더라도, 상징적 의미를 주는 브랜드에, 좋은 주거환경의 상징이 되는 장치들이 갖추어진 아파트를 주거지로 선택한다. 부동산 가격, 임금, 자산 등 경제적 자본의 차등이 여느 OECD 국가보다 큰 사회에서 사람의 머리에 자리 잡은 상징자본의 차등마저 뚜렷이 표출되는 환경에 놓인 사람들은 그 경제자본과 상징자본을 획득하기 위해 일상의 많은 어려움을 감수한다. 그 감수의 대표적인 것이 도시의 공간을 파김치가 되어 이동하며 그 공간을 채우는 다른 것들과 소통을 거부하는 행위이다.

| 현실: 상징적 의미에 구속되는 도시 |

　미디어와 소통을 다루다 보면 이처럼 상징 자본을 마주친다. 프랑스의 사회학자 부르디외에 의해서 발전한 이 개념은 특정 사회에서 계급이라는 것이 단지 경제적 소유의 여부와 정도로만 구분되는 것이 아니라, 사회 구성원들이 어떻게 느끼고, 이해하고, 인지하는지에 따라서도 구분된다는 것이다.

　사람들의 일상 행위와 문화적 취향은 특정한 사회 환경 속에서 부자들 혹은 빈자들을 상징하여 의미를 만들어낸다. 그리고 우리는 각종 사회적 경험과 학습을 통해 그 상징적 의미를 자연스럽게 받아들인다. 가정교육, 학교, 미디어 등을 통해 학습하고 전수한 상징적 의미는 한 사회에 꽤나 공고히 고착된 의미로 유통된다. 돈 벌기도 쉽지 않은 세상이지만, 이 상징 자본은 더욱 벌어들이기 어렵다. 오랜 시간 단단하게 다져진 상징을 일거에 특정한 계기로 취득하기 어렵기 때문이다.

　도시 공간과 연관 지어 고민할 상징자본에는 앞서 이야기 한 '좋은 동네'와 더불어 몇 가지가 더 있다. 우선 우리와 도시 공간을 공유하는 자동차라는 존재이다. 유럽의 많은 도시에서 자전거 타기는 일종의 상징자본이 되어, 도시 공동체와 개인의 건강을 생각하는 사람들의 상징적 행위물로 받아들여지고 있다. 반면, 도심에 진입하는 자동차는 교통체증과 환경오염을 유발하고 많은 공간을 차지하는 부정적 상징성을 얻게 되면서 사람들이 사용을 자제한다. 프라하, 브르노 등 체코의 주요 도시는 언덕으로 이루어진 도시 구조와 늦은 자전거 기간시설 확충의 문제로 아직 자전거의 상징성이 높게 도달하지 못했지만, 저렴하고 편리한 대중교통과 다수의 보행자와 대비되는 자동차의 부정적 상징성은 존재한다.

　한국에서 역시 도시의 교통 유발과 환경 문제 등 다양한 이유로 자동차에 대한 부정적 상징이 유통되고 있다. 하지만, 여전히 자동차는 개개인

스스로가 가진 상징자본을 제일 잘 표현해 주는 요소로 받아들여진다. 이렇게 개인의 사회적 위치를 상징시켜주는 한국의 자동차는 유럽의 자동차보다 도심에서 우월적 지위를 누린다. 이러한 자동차의 우월적 지위는 앞서 말한 바쁜 일상, 원거리 이동이라는 한국 도시의 일상과 맞물려 강화된다. 생산성과 생존이라는 절박한 용어의 지원을 받아 자동차는 조금 더 편리한 도시 구조물과 정책의 지원을 받는다. 이러한 환경 속에서 도심은 자동차로 가득하고, 도심 주변 지역들은 이 자동차들이 빨리 이동할 수 있게 도와주는 넓고 높은 도심형 고속도로와 고가도로 등으로 절단된다. 한국사회에서 자동차가 갖는 이 문화적 상징성과 경제적 상징성은 도시 곳곳에서 자동차의 흐름을 긴장 가득히 바라보며 자신의 리듬으로 걷지 못하는 보행자를 낳는다.

대형마트를 비롯한 쇼핑몰이 갖고 있는 상징자본 역시 무시할 수 없다. 서울 곳곳에 작은 길, 작은 지역에 문화 창작자들을 비롯한 다양한 사람들이 새로운 문화의 흐름을 만들어내고 교류를 이끌어내면서 높은 문화적 상징성을 만들어가고 있지만, 최근 수도권 지역에 개장한 스타필드, 이케아, 코스트코 등 대형 유통체인의 이용객 수와 미디어에 회자되는 내용 등을 통해 이러한 공간의 높은 상징적 위치를 가늠할 수 있다. 이런 대형 유통 공간이 들어서면 전통시장 관련 문제, 주변 상권 문제, 소상공인 문제 등 다양한 경제적 문제가 제기된다. 그러한 경제적 문제 못지않게 우리의 도시공간 사용 방식에도 많은 변화를 가져온다. 대형 유통체인의 위치와 성격으로 인하여 우리는 자가 차량에 의존하려는 경향이 높아진다. 그리고 이러한 유통 공간은 그 규모에 의해 도시 외곽에 거대한 블록으로 자리 잡아 하나의 큰 경계를 이룬다. 주변의 주차시설까지 더해지면서 이곳은 걷기 힘든 공간이 된다. 그리고 도시공간소통에 이용되어야 할 걸음은 도시 공간의 다양한 요소 중 소비에 한정된 것만을 정교하게 재현한 거대한 실내에서 사용된다. 그리고 이 만들어진 공간에서의 경험은 소셜미디어의 사진과 해시태그로 전달되고 이는 다시 대형 유통체인의 자본이 된다.

　상징자본을 이야기할 때면 사람들은 무기력함을 토로하게 된다. 그렇게 구조화되고 의미가 고착된 것을 도대체 어떻게 바꿀 수 있냐는 항변이다. 이것은 우리의 일상 습속에서 전수되고 고착되고 또 미디어나 교육으로 더욱 확산하는 것이기 때문에 이러한 추세를 뒤집는 것은 여간 어려운 게 아니다. 하지만, 우리가 점점 작은 길의 소중함을 알고, 작은 동네 가게가 주는 소소한 즐거움을 나누고, 그곳을 내 걸음으로 점유하며 천천히 이동하며 눈에 담고 카메라에 담아 사람들과 나누는 것에 대해 가치를 부여하고 있듯이, 더 좋은 상징적 의미를 담기 위해 우리의 일상은 끊임없이 싸우고 있다.

　자전거나 보행의 장점을 선전하고 이를 장려하는 공공의 정책을 세우고, 작은 길이 다양한 창작자들과의 소통으로 채워질 수 있도록 젠트리피케이션 문제에 대한 제도를 마련하는 것 등의 공공 개입도 필요하다. 개개인의 실천과 더불어 이런 공공 영역의 뒷받침은 우리의 걸음과 자전거가 작고 볼거리 다양한 가게 앞 거리에 더 긍정적인 상징을 부여하는 데에 자양분이 된다.

　상징적 의미는 소통에 의해 변하고 고착된다. 사람들은 자본이 만들어내는 가장 편리한 소비를 위해 기획된 공간에 이끌리고, 그곳에서 기꺼이 돈과 걸음의 소비자가 되고, 그것을 미디어를 통하여 재생산해 주기도 한다. 하지만 그 소비와 소통의 과실은 우리가 가지지 못하고 온전히 자본에게 돌아간다. 이제 천천히 자본이 웃게 만드는 상징적 의미에서 벗어나야 할 때이다.

현실: 소비가 많은 도시

　유럽에서 가장 인상적인 일상의 차이는 소비이다. 세계에서 가장 소비 지향적 사회인 미국, 그리고 미국과 비슷한 소비의 길을 따라가는 한국과 유럽은 강한 대비를 보인다. 미국 시민들은 자동차를 운전하여 도시 외곽, 주형으로 찍어놓은 듯 만들어 놓은 쇼핑 플라자에 가서 크고 저렴하게 포장된 물건을 구입하여 한 아름 들고 들어와 냉장고에 채워 넣는 생활 패턴을 가지고 있다. 대용량 제품을 많이 파는 전 세계 코스트코 매장 중 가장 매출이 높은 곳이 서울 강남에 위치한 양재점이라는 데에서 알 수 있듯이 이런 미국식 소비는 한국의 가정에도 안착하였다.

　유럽의 가정에서 가장 눈에 띄는 차이점은 냉장고의 크기이다. 대부분 가정의 냉장고는 아담한 느낌까지 들 만큼 작다. 우리에게 흔한 양문형 냉장고는 체코에서 '미국 냉장고'라고 일반적으로 불린다. 체코 마트나 시장에서 사람들이 장을 보는 패턴을 유심히 보면, 이 사람들은 거의 매일 시장을 보고, 당일 저녁과 다음날 아침, 점심으로 먹을 만큼 마련한다. 주식인 빵과 치즈, 햄, 유제품 등을 매일 신선하게 가지고 오는 것이다. 어쩌면 사회주의 배급제의 습속이 남아있다고 생각할 수도 있지만, 오히려 이들의 사회주의 배급제도가 그 이전에 형성된 소비 패턴을 반영하고 있었던 게 아닐까 하는 생각도 든다. 그리고 사회주의의 경험이 없는 다른 유럽 도시에서의 소비패턴도 이들과 크게 다르지 않다.

　그렇게 사람들은 조금씩 사 온 것들을 작은 냉장고와 수납장에 일시 보관하는 생활을 유지하다 보니, 큰 가전과 가구를 사기 위해 시 외곽의 큰 마트에 갈 일이 줄어든다. 매일 가는 마트나 시장 주변은 자연스레 많은 사람이 천천히 걷는 공간이 된다. 이러한 일상의 패턴은 앞서 설명한 노동 조건하고도 결부되어, 반드시 이즈음에는 퇴근을 해서 어딘가에서 시장을 보고 돌아가는 것이 삶의 맥락으로 자리 잡는다. 그렇게 사람들은 도시 공간을 좀 더 여유롭게, 무거운 장바구니에 짓눌리지 않고, 자가 차량 없이도 대중교통과 발을 이용해 이동한다. 이렇듯, 노동 조건과 부동산 등 사회경제적 환경과 더불어 적은 소비는 도시공간에서 사람들을 걷게 만드는 매우 중요한 요소가 된다. 대량소비의 사회의 사람들은 좀 더 편리한 쇼핑을 위해 효율적으로 구획된 곳에서 다량의 물품을 구입하고, 그 무게를 감당할 수 있는 차량을 통해 이동해야 한다.

그러면 이렇게 항변할 수도 있다. 한국에는 그렇게 대형 쇼핑몰도 많고, 사람들도 소비지향적이지만, 여전히 길에는 사람이 바글바글하고 많은 보행자가 있다고, 또 어딜 가나 사람이 많다고 말한다. 사실일 수도 있다. 하지만 서울의 아파트 단지 내, 혹은 주택 지역의 골목길에는 그리 사람이 많지 않다. 그 사람이 많은 어디는 대부분 상업행위가 주를 이루는 곳들이다. 사람들은 그곳을 많이 걷지만, 그곳에 도달하기 위해 도시의 수많은 공간을 뛰어넘었고, 그곳에 도착해서도 경험과 이미지와 물건을 소비한다. 그리고 다시 일상과 분리된다. 그렇게 소비로 의미화된 공간은 이내 젠트리피케이션의 타깃이 되어 또 대량생산과 소비의 체인에 편입된다.

이 악순환의 책임을 개인의 소비 행위에 둘 수는 없다. 한 사회가 갖고 있는 소비 습속은 그 사회의 다양한 정치 경제 사회문화적 맥락이 담겨있기 때문이다. 예를 들어 미국의 경우 도시마다 파머스 마켓이라고 하여 다양한 지역 농산물을 파는 주말 장터가 열린다. 이런 곳에서 조금씩 소비하는 생활을 실천하면 미국도 조만간 꽤 덜 소비적인 사회로 변할 수 있을 거라 생각할 수 있다. 하지만 그 속살을 보면 그리 간단하지 않다. 월마트로 상징되는 미국의 대형마트에서 공급하는 각종 식품의 가격과 파머스 마켓이나 작은 동네 유기농 숍에서 판매하는 식품의 가격의 차이는 무시할 수 있는 수준이 아니다. 결국 이런 환경에서, 개인의 선의에 의존한 소비패턴 변화를 기대하는 건 여전히 계급적인 문제가 된다.

  반면, 최근 시장의 팽창과 함께 조금씩 악화의 조짐이 보이기는 하지만, 브르노의 전통시장, 지역 농산물, 유기농 식품의 가격과 대형마트 상품의 가격의 차는 그렇게 크지 않다. 비교하다 보면 품목별로 저렴한 것도 많다. 또한, 대량으로 구입하는 일이 드물다 보니, 작은 차이는 무시할 수 있는 수준이 된다. 미국과 체코의 이러한 차이는 유통자본, 물류환경, 노동조건 등 무수한 정치 경제적 변수와 더불어 사람들이 일상과 소비를 구조하는 방식과 같은 사회문화적 변수를 반영한다. 사람들이 많지 않은 양의 상품을 장바구니에 담고 좀 더 주변을 두리번거리며 걷게 하기 위해서는 이러한 구조에 대한 진지한 논의와 실천적 변화가 요구된다.

| 말하는 도시를 위하여 |

  도시가 대형화되고 거주자가 많아지면서 우리의 도시는 자연의 리듬과는 동떨어진 공간이 된다. 농경사회와 달리 춥든 덥든 사람들은 생존을 위해 일을 해야 하기 때문이다. 세계 대부분 도시의 사람들이 그렇게 살고 있지만, 브르노의 일 년과 한국 도시의 일 년을 비교해 보면 그래도 정도의 차이를 찾을 수 있다.

  유럽의 여타 도시와 비슷하게 브르노에는 연중 다양한 페스티벌이 열린다. 이러한 페스티벌은 기본적으로 농경사회 절기에 맞춰 벌어진다. 주변에 농경의 흔적을 찾기도 어려운 도시이지만, 여전히 이런 전통적인 패턴을 유지한다. 물론 그 페스티벌은 여느 이벤트와 비슷한 상품과 음식으로 가득한 소비공간일 뿐이다. 하지만, 사람들은 도시 공간에서 삶의 리듬과 일상의 습속을 형성해간다. 브르노와 같이 대학이 많은 도시는 대학 일정을 중심으로 많은 시민이 자신의 생활패턴을 형성하기도 한다. 학기가 끝난 여름은 휴가를 떠난 사람들로 거리가 한적해지고, 크리스마스 시장으로 한 해의 끝을 알린 후 1, 2월은 겨울잠을 자듯 고요한 삶을 유지한다. 생산과 소비가 미덕의 원리로 자리 잡은 대도시의 사람들에게는 지루해 보이는 반복이지만, 이들은 그 반복을 통해 일상의 리듬을 구성한다.

반면, 브르노와 같은 중소규모의 도시도 초국적 도시화라는 지구적 경향을 피해가지는 못한다. 문화 인류학자 아준 아파두라이 Arjun Appadurai가 세계화와 함께 변화하는 일상의 다섯 가지 풍경 Five scapes으로 설명한 초국적 도시의 모습을 급속하게 띠고 있는 것이다. 나날이 늘어나는 이주민과 유학생은 브르노의 종족적 풍경 Ethnoscape을 바꾸고 있고, 각종 글로벌 금융사들과 이주민들의 송금소들은 경제적 풍경 Financescape을 새로이 형성해가고 있다. 브르노의 곳곳에서는 세계 각국에서 들어오는 정보의 시청각적 신호가 흔하고, Mediascape 다른 나라에서 벌어지는 사회운동과 연대하는 시위가 벌어지곤 한다. Ideoscape 그리고 브르노 외곽으로는 각종 스타트업이 들어서 시민들이 새로운 기술의 연결망에 속하는 데 일조를 한다. Technoscape

이렇게 변하는 도시에서 새로운 경계가 발생하고 여느 도시처럼 같이 갈등과 배제는 늘어난다. 사람들은 점점 더 스마트 기기에 의존하며 한때는 공론장을 형성하던 광장과 카페에서도 화면만 응시한 채 소통을 멀리해간다. 이러한 도시 공동체의 위기가 소통만으로 해결될리는 만무하다. 하지만, 이 책에서 지속해서 이야기해왔듯, 도시 공간 내에서 소통을 증진한다는 것은 사회의 다양한 결을 새로이 한다는 것을 의미한다. 그리고 그 다양한 결 역시 소통을 통해 마련되고 직조되기 마련이기에, 우리는 끊임없이 더 나은 소통, 즉 어슬렁거리고, 머무르고, 눈을 마주하기 위해 머리를 맞대어야할 것이다.

브르노라는 도시는 결코 이상적이지도 않고 획기적인 곳이 아닌 평범한 중부 유럽의 도시이다. 그럼에도 불구하고 브르노를 중심으로 이 책의 내용을 구성한 이유는, 그 도시의 한 면 한 면이 우리에게 주는 힌트가 많기 때문이다. 마치 작은 샘플로 시식을 하며 맛에 익혀가듯, 이렇게 작은 도시의 더 세분된 공간에서의 소통 행위를 간접적으로 경험하면서 거대 도시에서의 우리들의 삶을 구성해보길 바라는 마음이다.

참고문헌

- Appadurai, A. (1996). Modernity al large: cultural dimensions of globalization (Vol. 1). U of Minnesota Press.

- Bourdieu, P. (2013). Distinction: A social critique of the judgement of taste. Routledge.

- Certeau, M. . (1988). The practice of everyday life. Berkeley: University of California Press.

- Geertz, C. (1973). The interpretation of cultures. Basic books.

- Horkheimer, M., Adorno, T. W., & Noeri, G. (2002). Dialectic of enlightenment. Stanford University Press.

- Jacobs, J. (1961). The death and life of great American cities. Random House

- Jakobson, R. (1987). Linguistics and poetics. Language in literature, 527, 62-94.

- Mumford, L. (1965). Utopia, the City and the Machine. Daedalus, 271-292.

- Roy, O. (2004). Globalized Islam: The search for a new ummah. Columbia University Press.

- Speck, J. (2013). Walkable city: How downtown can save America, one step at a time.

- Macmillan.

- Brno Architecture Manual_ https://www.bam.brno.cz/en/

- Go to Brno_ https://www.gotobrno.cz/en/

- Walk Score_ https://www.walkscore.com

- Rommuz.cz - Muzeum romské kultury_ https://www.rommuz.cz/

말하는 도시
체코 브르노로 보는 도시공간소통

1판 1쇄 발행 2019년 10월 31일

지은이 | 김태식, 정의태
펴낸이 | 신민구
디자인 | (주)모노클안컴퍼니
인쇄/제본 | 영신사
펴낸곳 | (주)네오랩 블리싱

출판등록 | 2010년 1월 27일 제321-2010-000023호
주소 | (10881) 경기도 파주시 재두루미길 190
전화 | 031)580-3700
팩스 | 031)580-3706
이메일 | contact@monoclecompany.com

ISBN 978-89-94793-33-7

책 내용의 전부 또는 일부 내용을 재사용하려면 반드시 저작권자와 (주)네오랩퍼블리싱의 동의를 받아야 합니다.
책값은 뒤표지에 표시되어 있습니다.

이 도서의 국립중앙도서관 출판예정도서목록(CIP)은 서지정보유통지원시스템 홈페이지
(http://seoji.nl.go.kr)와 국가자료종합목록 구축시스템(http://kolis-net.nl.go.kr)에서 이용하실 수 있습니다.
(CIP제어번호 : CIP2019040898)

이 책은 2017년 정부(교육부)의 재원으로 한국연구재단의 지원을 받아 수행된 연구임
(NRF-2017S1A5B8066096)